2020年度江西省教育厅科学技术研究项目：基于特征图和并行计算熵的深度卷积神经网络算法（项目编号：GJJ209407）

数据合规

——大数据背景下个人信息保护机制研究

刘　蔚　宿晓盼　徐国岩　毛伊敏　著

中南大學出版社
www.csupress.com.cn
·长沙·

图书在版编目(CIP)数据

数据合规：大数据背景下个人信息保护机制研究 / 刘蔚等著. —长沙：中南大学出版社，2023.4

ISBN 978-7-5487-5324-7

Ⅰ. ①数… Ⅱ. ①刘… Ⅲ. ①个人信息—信息安全—研究—中国 Ⅳ. ①G203

中国国家版本馆 CIP 数据核字(2023)第 058528 号

数据合规——大数据背景下个人信息保护机制研究

SHUJU HEGUI——DASHUJU BEIJING XIA GEREN XINXI BAOHU JIZHI YANJIU

刘蔚　宿晓盼　徐国岩　毛伊敏　著

□**出 版 人**　吴湘华
□**责任编辑**　谢金伶
□**封面设计**　优盛文化
□**责任印制**　唐　曦
□**出版发行**　中南大学出版社
社址：长沙市麓山南路　邮编：410083
发行科电话：0731-88876770　传真：0731-88710482
□**印　　装**　石家庄汇展印刷有限公司

□**开　　本**　710 mm×1000 mm　1/16　□**印张** 13.5　□**字数** 173 千字
□**版　　次**　2023 年 4 月第 1 版　□**印次** 2023 年 4 月第 1 次印刷
□**书　　号**　ISBN 978-7-5487-5324-7
□**定　　价**　78.00 元

前言 Preface

古往今来，个人信息在不同层面被采集、处理、利用与传递。在互联网尚未普及、信息技术尚未得到发展的年代，个人信息的保护方法比较简单。那时，只要制定相应的法律，进行必要的人员管制，就能在很大程度上防止信息滥用。因此，在很长的时间里，个人信息保护并不成为问题。但随着信息技术的发展、移动互联网的普及、大数据时代的到来，在数据采集、数据集成与融合、数据分析与存档的整个数据生命周期中，无限度的信息挖掘、信息滥用、信息侵权行为时有发生。大数据时代，个人信息保护为国内学者所关注。

本书共七章，重点从以下几方面展开研究。

第一，分析大数据时代个人信息安全面临的典型风险。

一是分析全球化背景下数据主权与安全风险。个人数据的跨境流动导致离境数据被恶意利用和买卖的现象频发，个人数据泄露事件不断发生，对个人隐私、财产甚至人身安全造成威胁。与此同时，各国个人数据保护标准不一致，造成数据在全球范围内流动缺乏安全可信的在线环境。

二是分析云计算环境、网上行为的定位跟踪等对个人信息保护的影响。

第二，提出个人信息保护的三种路径。

一是法律保护。加强个人信息的法律保护，是建设法治社会的要求。个人信息是大数据时代重要的资源。而随着科学技术的发展，个人信息被滥用的行为时有发生，这使信息保护的呼声日益高涨。面对信息保护与促进信息合理流动之间的冲突，我国出台了《中华人民共和国网络安全法》《中华人民共和国数据安全法》《中华人民共和国个人信息保护法》等法律。

二是风险规制。将风险规制理念引入个人信息保护领域，通过引入个人信息处理的风险评估机制，科学地识别和分级分类个人信息安全风险，实施适当的风险降低措施。完善个人信息安全的风险规制，可以借鉴环境风险规制的经验，兼顾“理性－工具范式”和“商谈－构建范式”，利用独立专家评估机制，对高风险的个人敏感信息的大规模利用、人工智能算法黑箱与算法操纵等实施科学的评估，增强监管机构的规制能力；同时引入公众协商与参与机制，以使公众获得充足的信息，提升公众信任度。

三是现代技术手段。将现代技术手段（如区块链技术、支付标记化技术等）用于个人信息保护，通过技术设计，为个人数据提供全生命周期的安全保护，为数据主体提供便捷的个人信息管理工具。

第三，分析典型领域的个人信息保护措施。

一是个人医疗信息的法律保护。个人医疗信息作为一种特殊的个人信息，通常涉及隐私和敏感信息。应高度重视个人医疗信息的保护。立法保护个人医疗信息尤为重要。

二是微信支付用户的个人信息保护。用户对微信支付功能使用频繁，用户的个人信息不停地被传递，个人信息安全遭受威胁。微信支付中的第三方服务不在微信支付管控范围内。微信支付无法保障用户在使用各项功能时、发生突发状况时的个人信息安全。用户使用第三方服务时涉及的支付步骤并没有安全提示，导致用户个人信息可能被悄悄传递，个人信息安全遭受威胁。本书从个人、行业、政府三个层面提出相关措施，以加强对微信支付用户个人信息的保护。

由于作者水平有限，本书难免存在不足之处，恳请广大读者批评指正。

目　录
Contents

第一章　绪论

第一节 研究背景及意义

一、研究背景

（一）信息社会发展带来巨量数据资源

第三次工业革命以来，以电子计算机及信息技术研究为主的科学研究引领人类逐步进入信息社会。全球范围内的信息社会建设成果显著，信息经济、政府门户网站、数字生活等的发展水平都大幅提升。

随着信息社会的发展，产生了巨量数据。巨量的数据资源隐藏着大量可用信息，在政府管理、企业生产经营、社会生活、科技发展等领域都有很大的应用价值。在政治领域，政府利用数据资源，有利于作出正确的决策；在商业领域，企业利用数据资源，可预测市场发展趋势，找到发展机遇，分析客户需求，实现产品和客户的个性化匹配；在科技领域，通过数据处理，可实现机器的人工智能化，减轻社会劳动力负担，提高人们的生活质量；在医疗领域，采集、分析患者病历数据，建立疾病数据库，能够为治疗技术的提升及相同病例的识别提供数据支持；在金融领域，数据资源的有效使用可以增强金融行业的风险控制力，还可以协助投资者进行投资决策。因此，有效、安全地开发利用数据资源非常重要。

（二）国家大力推进信息资源开发利用

在大数据时代，数据的价值很大一部分体现为信息资源开发利用。各国政府对大数据产业发展非常重视，信息资源开发利用的相关政策日臻完善。我国在这方面已经出台一系列政策，以推进信息资源开发利用，挖掘和利用数据的潜在价值。

《中共中央办公厅 国务院办公厅关于加强信息资源开发利用工作的若干意见》（中办发〔2004〕34 号）颁布以来，信息资源开发利用工作在国内全面展开。国务院于 2015 年印发的《促进大数据发展行动纲要》指出："加快政府数据开放共享，推动资源整合，提升治理能力。"大数据技术的应用可以对利用传统技术难以展示的数据间的关联进行揭示，促进数据资源的整合，提升政府的数据分析能力。

目前，我国已有 50 多个地区建立了公共数据开放平台、数据开放网、政府数据资源交换平台。这些平台对医疗卫生、食品安全、教育、智慧交通、科技等领域的信息进行整合，提供共享、一体化的信息服务。天津与北京、河北共同建设"京津冀大数据走廊"，推动了大数据时代信息资源在三地的合理流动，建成"数据研发—数据存储—数据装备"信息产业链；山东省将大数据技术应用于农业生产研究，为农业发展提供科学指导与规划；吉林省将大数据技术应用于地理信息产业，打造卫星遥感影像应用、导航定位服务、地理信息软件开发等产业品牌；甘肃省大力推广云计算与大数据技术的应用，加快构建更快、更好的信息基础设施网络。

2018 年，国务院发布《科学数据管理办法》。《科学数据管理办法》对数据采集、交汇、保存、共享、利用、保密、安全等进行了严格规定，秉持数据"以用为主""开放为常态，不开放为例外"的原则，加强对数据的开发。利用及管理。

“十三五”规划提出实施国家大数据战略。大数据在未来作为基础性战略资源，在国家发展、社会治理、产业升级等方面具有很大的开发利用价值。在开放与开发利用数据资源的过程中，要注意数据的采集、处理、使用和隐私保护等。

（三）个人信息资源开发利用与隐私保护

1.个人信息的潜在价值

在庞杂的信息资源中，个人信息占很大份额。个人信息依据控制者收集目的的不同分为两类：一是公共部门为了公共服务目的采集的数据，例如，政府部门、金融服务部门、电信运营商、公共出行类部门、互联网服务部门、公共卫生服务部门为了向公众提供更优质、个性化的服务，会在获得用户的授权同意后要求用户提供其基本信息，并对用户在享受服务时留下的相关日志和记录信息进行收集；二是部分公共部门及私营企业为了实现利益最大化，对用户进行精准营销、定向推荐，需要采集的个人信息（包括个人的消费记录、评论记录、浏览记录、收藏记录等信息），部分公共部门和私营企业对这些信息进行整理后，可以进一步存储、利用这些信息。

对存在于大数据中的分散的个人信息进行筛选、加工、组织和整合，可以使个人信息在生产、经营、科研、教育等领域进一步创造新的价值。个人信息的开发利用能够促进各类公共服务以及科学研究的发展，同时对企业有重要的价值。企业可以根据用户在相关应用程序、网页或机构的浏览记录、购买记录、消费报告，制订营销策略与产品生产方案，用于产品开发与服务优化等；通过搜集个人信息，可以建立精准的推荐系统，实现精准营销，向用户提供个性化服务。

2.个人信息的安全问题

（1）信息泄露问题。近年来，随着个人信息数据的增加，各类信息泄露事件（如非法倒卖用户数据、信息窃取等）频频发生。2018年，全球公开的数据泄露事件超过6500起，涉及人数众多，涉及范围广。电子商务消费纠纷调解平台数据显示，个人信息泄露被列入全国电子商务前20热点投诉问题。广大民众的隐私信息在一些人面前变成摇钱树。如何应对信息泄露，加强公民隐私保护是当下亟待解决的一个问题。

（2）信息采集规范性不足。《信息安全技术个人信息安全规范》对个人信息收集的合法性、最小化、授权同意等进行了规定。但是一些商业公司为了实现自身利益，尽可能地获取用户数据，在个人信息采集过程中侵犯用户的隐私权，这在一些App、第三方应用那里表现得最为明显。用户安装一些App时被要求赋予App一些权限，否则无法正常使用App，甚至无法安装。App专项治理工作组统计分析了100款常用App收集、使用个人信息的现状，其中包括通话记录、通讯录、位置、短信等信息，共计26项。统计结果显示，100款软件中，有61款在用户不同意开启某些权限时会出现无法安装或运行的情况。[①] 软件过度索取权限，加重了用户对个人信息泄露的担忧，也使用户在信息采集过程中只能成为被动接受者，而难以行使对个人信息的掌控权。

一些App及第三方应用等信息采集者过度采集信息的行为在一定程度上对用户隐私安全造成威胁，导致公民的合法权益受到侵害。

3.兼顾个人信息开发与保护是社会发展的必然选择

个人信息与隐私相关，有较高的保护要求。但严苛的个人信息保护相当于一道屏障，将数据与数据的使用者分隔开来，使个人信息资源的

① App专项治理工作组．百款常用App申请收集使用个人信息权限情况[EB/OL]. http://www.cac.gov.cn/2019-05/24/c_1124538535.htm.

开发利用难以实现。对个人信息的开发与保护都是合理的，问题在于如何避免过度开发与过度保护。把握好个人信息开发与保护的平衡点是关键，这就需要制定明确的开发与保护规则，划定可开发信息的范围，明确信息主体与信息处理主体各自的权利。合理利用信息资源，发掘其潜在价值，同时保护个人信息安全，防止隐私泄露，制定相关法律法规，约束不良行为，是当下信息社会发展的必然趋势。

《中华人民共和国数据安全法》自2021年9月1日起正式施行，第一条规定："为了规范数据处理活动，保障数据安全，促进数据开发利用，保护个人、组织的合法权益，维护国家主权、安全和发展利益，制定本法。"

二、研究意义

保护个人信息并不妨碍大数据的应用。挖掘大数据价值和保护个人信息并不矛盾。个人信息保护研究可以为保护个人信息提供参考。

第一，个人信息保护研究关注信息技术的发展与运用给信息保护带来的挑战，分析大数据时代的典型风险：全球化背景下数据主权与安全风险，云计算环境、网络用户行为定位跟踪等给个人信息保护带来的威胁与风险。

第二，个人信息保护研究强调加强个人信息的法律保护。在大数据时代，人们的个人信息变为重要资源。但是存在个人信息泄露、滥用等现象。人们对个人信息保护的需求越来越强烈。在信息保护方面，我国出台了《中华人民共和国网络安全法》《中华人民共和国数据安全法》《中华人民共和国个人信息保护法》等法律。

第三，个人信息保护研究将风险规制理念引入个人信息保护领域，利用个人信息处理风险评估机制，科学地识别和分级分类个人信息安全风险，制定个人信息安全风险降低策略。

第四，个人信息保护研究将现代技术手段（如区块链技术、支付标记化技术等）用于个人信息保护。在大数据时代，应在相关法律法规的约束下，推进个人信息的流通、分享、保护，确保人们能够在信息数据处理中获得利益，并筛除其中对社会或个体具有不良作用的一切因素，利用现代技术手段，尽量降低个人信息处理带来的风险，增加个人信息处理带来的收益。

第二节　国内外研究综述

一、个人信息保护的理论研究

（一）国内研究

我国的学者更偏向于从宏观层面研究个人信息保护，对国内外的个人信息保护理论都进行了研究。

有学者指出，欧盟视个人信息权为基本人权，个人信息保护被认为具有宪法意义，要优先保护个人信息；个人信息权在2000年制定的《欧盟基本权利宪章》第八条中得到了确认，之后又被载入2006年生效的《欧盟宪法条约》中。[①]

王利明认为，信息资源具有商业意义，个人信息中存在财产要素，

① 郭瑜．个人数据保护法研究［M］．北京：北京大学出版社，2012：48.

但其不是个人信息的核心要素。[①]

刘德良在《论个人信息的财产权保护》里对个人信息财产权保护面临的理论障碍、个人信息财产权保护的必要性与合理性以及个人信息财产权的界定与实现等问题进行了论述。

（二）国外研究

1.隐私经济学理论

在波斯纳看来，随着经济、社会的发展，隐私权在现代社会已逐渐获得人们的承认。隐私权并非根植于人性，保护隐私也不是人的天性。为了规避别人的消极评定而尝试将个人信息隐藏，就形成了隐私权。随着社会发展，隐私权得到了合法性的认可。他认为，人们为了隐瞒自身可能误导他人的信息，便给予这些隐瞒的信息法律保护，这样做的理由本身就很脆弱，只会增加交易成本。[②]

2.关注个人信息收集与传播的场合

纽约大学的海伦·尼森鲍姆教授提出，应当关注信息收集与传播的场合，认为保护个人信息权的任务在于确保信息不会与其产生的场合发生分离。[③]

3.关注个人信息的名誉方面

乔治·华盛顿大学的教授丹尼尔·沙勒夫认为，信息隐私权应当关注信息的名誉方面。他指出，危险不在于个人失去对信息的控制，而在

① 王利明．论个人信息权的法律保护：以个人信息权与隐私权的界分为中心[J]．现代法学，2013，35（4）：62-72.

② POSNER R A. The right of privacy [J]. Georgia Law Review, 1978, 12（3）：393-422.

③ NISSENBAUM H. Privacy as contextual integrity [J]. Washington Law Review, 2004, 79（1）： 119-157.

于个人的名誉因为信息而败坏。[①] 传统的信息隐私权以及海伦·尼森鲍姆等的观点更关注信息如何（并且在什么条件下）从个人流向信息处理者，而丹尼尔·沙勒夫更关注信息的消极影响。

二、个人信息保护路径研究

（一）国内研究

我国的一些学者认为，利用侵权法保护隐私，在大数据时代并不能给予个人信息足够的保护，很多信息处理都对个人权利有损害风险，但并不一定会产生侵权行为。某些信息的留存可能会对个人产生不良影响，这种对个人具有威胁的侵害通常由于这些信息处于开放的状态，而并非由于存在实行侵害行为的一方。当代人对信息的捍卫观念通常突破了以往侵权法捍卫的领域。一些学者认为，最重要的侵权行为抗辩理由就是在知情允准理念基础上建立的当代信息捍卫制度。[②]

（二）国外研究

帕梅拉·萨缪尔森提议使用契约性方法，通过商业保密法对个人信息进行保护或许效果更好。帕梅拉·萨缪尔森认为，这种方法相比于信息隐私权系统来说有更高的灵活度，或许会推进个人信息保护，保障个体掌控自身信息的权利。[③]

---

① SOLOVE D J. The future of reputation: gossip, rumor, and privacy on the Internet [M]. New Heven: Yale University Press, 2008.

② 李汶龙．被遗忘权的国际发展与中国本土化 [M]// 腾讯研究院．互联网＋时代的立法与公共政策．北京：法律出版社，2016.

③ SAMUELSON P. Principles for resolving conflicts between trade secrets and the first amendment [J]. Hastings Law Journal, 2007, 58（4）: 777.

第二章　大数据与个人信息概述

第一节　大数据概述

随着互联网、移动通信、物联网的普及，产生了大量的数据。大数据是指多个种类的数据源和数据集，由结构化与非结构化数据组成，具有数量大、种类多、生成快的特点。

大数据应具备两个条件：一是具备大型数据集，数据集至少为 100 TB，普通企业的数据总量也可以为 PB 级（可随时增加），并且数据是高速、实时的数据流；二是数据来自多种数据源，数据类型复杂，除了传统的结构化数据之外，更多的数据是非结构化和半结构化数据。大数据的这两个条件缺一不可。只是数据量大，而数据类型是传统的结构化数据，不能称为大数据；只是非结构化数据，而数据量小，也不能称为大数据。

大数据具有四个特点，即大数据的“4V”特征：大量（volume）、多样（variety）、高速（velocity）、价值（value）。

第一，大量。大数据的数据量大。当前，典型的个人计算机硬盘的容量为 TB 级，而一些大企业的数据量已经接近 EB 级。

第二，多样。大数据的类型和来源多样化。数据可以分为结构化数据、半结构化数据和非结构化数据。以往的数据以结构化数据为主。如今，非结构化数据越来越多，如网络日志、音频、视频、图片、地理位置信息等，这些数据有不同的来源，如传感器、互联网等。具有不同来源的、多种类型的数据对数据处理能力提出了更高的要求。

第三，高速。大数据的产生速度非常快，处理速度也很快。如果采集到的数据没有得到及时处理，最终会过期作废。

第四，价值。大数据的价值密度较低。尽管大数据的数据量巨大，但是其中有价值的信息很少。如何利用大数据技术来挖掘大数据价值，是大数据时代需要解决的重要问题。

第二节　个人信息概述

一、个人信息的定义

个人信息的定义主要有以下几种。

（一）隐私型定义

隐私型定义是从个人隐私和个人信息间的联系角度出发，简单地认为只要与隐私有内在或者外在联系的信息就理应被认定为个人信息，而与隐私无内在或者外在联系的信息无论如何也不能被认定为个人信息。

（二）关联型定义

关联型定义是把所有和信息主体相关的信息都视作个人信息。这样的个人信息涵盖的内容非常丰富，包括隐私生活、社会生活、人的行为和人格等。

（三）识别型定义

识别型定义是把所有可以识别主体的信息都定义成个人信息。持此观点者以齐爱民为代表。他认为，个人信息就是可以直接或间接对人进行识别的信息，如人的姓名、年龄、身高、民族、血型、肤色、婚姻状况、财产情况、工作经历、教育背景、电话号码、个人爱好等都属于个人信息。[①]识别分为直接识别和间接识别。通过身份证号码、DNA 等信息直接确定人的身份，叫作直接识别；间接识别是没有可以直接确定人的身份的资料，但是综合分析其他资料，依然能够确定其身份。通常一个人的姓名能够成为直接识别的资料。但是可能有同名的情况。所以，人们还要根据生日、身高、籍贯等资料综合识别一个人。[②]

（四）列举型定义

列举型定义是通过列举个人信息的主要内容界定个人信息。这种个人信息包括姓名、年龄、通信地址、血型、文化程度、爱好、职业等。

（五）概括型定义

概括型定义是通过单独概括个人信息的方式，对其进行定义。比如，加拿大、德国等一些国家采用概括型个人信息定义。这种个人信息是指凡涉及特定的自然人的所有属人或属事的个人资料。

综上所述，隐私型定义将个人信息简单地定义为与隐私有内在或者外在联系的信息。但是个人信息刑事立法的目的是保护个人信息不受非法披露和转让，严禁他人利用这些信息对信息主体进行干扰。隐私型定义没有严格区分个人信息与个人隐私，混淆了两者的概念和保护范围，

① 齐爱民．拯救信息社会中的人格：个人信息保护法总论[M]．北京：北京大学出版社，2009：105.

② 齐爱民．论个人资料[J]．法学，2003（8）：80-85.

把属于个人信息保护却不属于个人隐私保护的内容直接排除在法律保护框架之外，外延较为狭窄。关联型定义和概括型定义将不具有识别性的信息一并列入个人信息保护范围之内，易阻碍个人信息的利用和流转，甚至有可能侵害国家安全和社会公共利益。识别型定义能够清楚地表述个人信息的内涵和外延，比较符合法律理论的研究需求和立法要求，是目前国内外立法普遍采用的一种定义。从各个国家有关个人信息保护的立法中人们经常会见到“识别”“可识别”这样的字眼。可见，识别型定义目前得到了广泛认可。识别型定义把所有可以识别主体的信息都定义成个人信息。采用这种定义，可在立法中保护个人信息。然而当前是大数据时代，公民的一部分个人信息是没有识别价值的。不过可利用大数据技术强大的分析功能使其具有“识别性”。列举型定义是无法将全部个人信息包含在内的，因为随着社会的发展，会产生很多新型的个人信息。所以，以上五种定义都无法完全涵盖大数据时代的个人信息。

我国首个个人信息保护国家标准《信息安全技术公共及商用服务信息系统个人信息保护指南》2013 年 2 月 1 日起实施，对个人信息采用识别型定义：个人信息是指“可为信息系统所处理、与特定自然人相关、能够单独或通过与其他信息结合识别该特定自然人的计算机数据”。然而可穿戴智能设备的普及和云服务的发展也会对个人信息的概念产生一定的影响。

《中华人民共和国个人信息保护法》第四条规定：“个人信息是以电子或者其他方式记录的与已识别或者可识别的自然人有关的各种信息，不包括匿名化处理后的信息。”

总之，个人信息是能够直接或者间接识别出特定自然人身份，且与公共利益没有直接关系的一切私人客观信息。

二、个人信息与相关概念的联系和区别

个人信息和个人隐私、个人数据有着密切的联系，又有本质的区别。

（一）个人信息和个人隐私

一般认为，个人隐私是指公民个人生活中不愿意公开或者被他人（一定范围以外的人）知悉的秘密。关于个人信息和个人隐私的关系，理论界有三种观点：第一种观点认为，个人信息属于个人隐私的范围，可以以保护隐私权来保护个人信息；第二种观点认为，个人信息的范围大于个人隐私，对隐私权的保护不足以涵盖对个人信息的保护；第三种观点认为，个人隐私与个人信息的内涵有交叉，但不重合。本书赞同第三种观点，即个人隐私的内涵并不完全与个人信息的内涵重合，并且个人信息和个人隐私是不同的概念，主要原因如下：

第一，个人信息与个人隐私的内涵不同，但存在着交叉。个人信息可以分为个人公开信息和个人非公开信息。个人非公开信息中有一部分与个人隐私重合，这使隐私权和个人信息有了一定联系。个人信息中的一部分属于隐私，如敏感信息。个人信息中也有很多信息不涉及隐私，如微博发言。个人信息的内涵范围更大。

第二，个人信息与个人隐私具有不同特征。个人信息以识别性为特征。只要是能够识别信息主体的信息，都是个人信息。个人隐私以秘密性为特征。不愿意或者不便于公开的隐私信息就具有秘密性。秘密性是相对的，一个人的个人信息在某种情境下被认为是秘密的，而在其他情境下则可能不是秘密的。比如，个人手机号码对朋友来说不是秘密的，但对手机号码的主人不愿意告知的人而言就是秘密的。

（二）个人信息和个人数据

个人数据这一概念是欧盟和其中的一些成员立法时提出的。它指的是对个人信息进行存储、处理、传播的物化形式，是可以根据个人信息对主体进行识别的相关数据。此概念的出现和计算机网络技术的发展有关。个人数据的内容是个人信息，个人数据是个人信息的一种物化形式。个人数据通过符号的形式单纯地描述和展现客观事物的特征，不存在主观色彩。个人数据是客观存在的，不需要人们进行主观加工、处理。个人数据本身没有任何倾向性和影响性。而个人信息是经过一定的加工、处理，具有主观倾向性，会对接收到这部分信息的人产生一定影响的个人数据。当然，并非所有的个人数据都可转化为个人信息，也不是所有的个人数据都能够成为被保护的对象。只有具有价值的并且能够为人所用的数据，也就是个人信息，才能成为被保护的客体。

三、个人信息的特征

（一）个人信息的主体是自然人

个人信息的主体是指被搜集与处理的个人信息的所属人。从人格权来看，个人信息的主体享有一定的权利，并且应尽相应的义务。个人信息最主要的判断依据就是是否具有可识别性。法人以及其他组织的信息不在个人信息保护范围内。理论界对法人和其他组织不能成为个人信息主体是普遍认可的。大部分国家都没有将法人及其他组织列入个人信息保护法所保护的主体范围。此外，对法人信息的保护，《中华人民共和国公司法》《中华人民共和国证券法》《中华人民共和国知识产权法》《中华人民共和国反不正当竞争法》等都有明文规定。《中华人民共和国个人信息保护法》没有必要再涉及法人信息。

另外，对于个人信息的主体是否包括逝者，各国的规定不一致。冰岛的《有关个人数据的保护法》规定的个人数据主体是任何人，包括在世的人和去世的人。日本的《个人信息保护法》规定的个人信息主体仅限于在世之人。从我国的法律规定和实践来看，逝者不是权利的主体。但是，如果有人恶意使用逝者的个人信息，给其近亲属带来精神痛苦或人格贬损，司法实践中将以保护名誉权对逝者的个人信息予以保护。

（二）个人信息的客体具有人格属性

个人信息与人格尊严密切相关。个人信息源于信息主体，反映个人的身份、一言一行、私生活等，对个人的外在形象或名誉有重要的影响。个人信息得以保护的原因之一是保护人格尊严。

（三）个人信息具有识别性

当前，很多国家对个人信息的识别性都是承认并接受的。识别性是个人信息的首要特征。通过整理和分析个人信息，可以直接或间接识别出信息主体。而有些信息虽然和个人有关系，但不见得具有识别性。比如，虽然清除消费者姓名的购买记录和消费者有关，但是人们无法根据这些记录来认出消费者。和个人利益相关的是可以识别主体的信息。只有这样的信息才具有保护的必要。因此，很多国家都十分重视个人信息的识别性。

（四）个人信息具有广泛性

可以对自然人进行准确识别的信息都称为个人信息。无论是个人身份信息还是个人的社会关系信息，无论是生理上的信息还是思想上的信息，只要是能够识别自然人的信息，都能够成为个人信息。随着科学技术的进步，基因、指纹、病史等都被纳入个人信息范畴，并且应该受到法律保护。

四、个人信息的分类

随着社会的发展，信息变得越来越复杂多样。根据不同的分类标准，可将个人信息划分成多种类型。

（一）直接个人信息和间接个人信息

以是否可以直接对自然人进行识别作为标准，可以将个人信息分成两种：一是直接个人信息，就是可以直接以此来识别自然人的信息，如身份证号等；二是间接个人信息，指的是无法单独对自然人进行识别，但可以结合其他信息来识别自然人的个人信息，如年龄、职业等。这两种个人信息都受法律保护。比如，挪威的《个人资料保护法》将间接个人信息纳入保护范围之内。其第一条明确规定："能间接地确认本人的资料构成个人资料。"将个人信息划分成直接个人信息和间接个人信息的原因如下：一是法律应对这两种个人信息都予以保护；二是侵害直接个人信息导致的后果可能更加严重；三是对一些不属于直接个人信息和无法构成间接个人信息的信息，法律不予以保护。

（二）敏感个人信息和琐细个人信息

以是否涉及个人隐私为标准，可以将个人信息分为敏感个人信息和琐细个人信息。涉及个人隐私的信息就是敏感个人信息。与个人隐私无关的信息就属于琐细个人信息。这样的信息也应得到法律的保护。

法律将个人信息划分成敏感个人信息和琐细个人信息的目的有两个：第一，两者在保护方式和保护程度上是不同的。收集或者处理琐细个人信息往往不需要得到信息主体的明确许可，也不需要采取特殊、严格的保护措施，而收集和处理敏感个人信息则不同，因为法律对敏感个人信息进行特殊保护；第二，对于敏感个人信息的收集、处理、使用，法律规定了很多限制条件，给予特殊重视，以更好地保护敏感个人信息。很多国家的法律文件都明确规定，禁止对敏感个人信息进行处理。虽然有一些法规允许对敏感个人信息进行处理，但是这种处理以满足很多严格的处理条件为前提。

（三）电脑处理的个人信息与手工处理的个人信息

以个人信息的处理技术为标准，可将个人信息划分为电脑处理的个人信息与手工处理的个人信息。人们可利用电脑对信息进行输入、保存、编辑、搜索、传输等处理。手工处理的个人信息指的是那些不适合被电脑处理或者还没有进行电脑处理的个人信息。个人信息被电脑处理过以后，更容易被破坏。在实施个人信息保护的早期，很多国家保护个人信息的法律法规中的保护对象都是经过电脑处理的信息。很多国家制定个人信息保护法时，都倾向于采用技术特定主张。但随着人们对个人资料保护认识的加深，越来越多的国家和国际组织转而采用技术中立主张。技术特定是指在个人资料保护范围问题上，以特定技术作为标准对个人资料进行划分，并区别对待。1977 年生效的德国《联邦个人资料保护法》体现了技术特定主张，对个人资料的保护仅限于被自动化处理的个人资料。与技术特定主张相反，技术中立主张对不同的个人信息进行同等保护，不因处理技术不同而对个人信息区别对待。1990 年修订后的德国《联邦个人资料保护法》放弃了技术特定主张，采纳了技术中立主张，对个人信息进行全面保护。

（四）公开的个人信息和隐秘的个人信息

将是否公开个人信息作为标准，可将个人信息划分成公开的个人信息以及隐秘的个人信息。前者指的是利用合法的特定渠道就能够掌握的个人信息。后者指的是没有对外公开的个人信息。把个人信息分为这两种类型具有法律意义：个人信息被公开后，不管它算不算敏感个人信息，其隐私利益已经没有了，因此无法得到特殊的保护。

（五）属人的个人信息和属事的个人信息

根据个人信息的内容不同，可将个人信息分成属人的个人信息和属事的个人信息。前者反映个人的自然属性，生物信息属于其主要内容。后者反映个人的社会关系和社会属性，反映信息所有者的社会地位以及在社会中扮演的角色。

（六）客观个人信息和主观个人信息

基于个人信息的主客观属性，可将个人信息分成主观个人信息与客观个人信息。前者是体现主体思想的个人信息，具体来说，就是主体个人想法与意图的表达。后者是体现主体客观存在的个人信息。从人权的角度讲，主观个人信息的重要程度高于客观个人信息。特别要注意的一点是，主观个人信息除了包括信息主体的主观想法以外，还包括他人对主体的评价。无论是他人对信息主体的正确评价还是他人对信息主体的错误评价，都可能成为个人信息的组成部分。对主观个人信息与客观个人信息进行区分的法律意义是，法律应该对所有的个人信息都加以保护，不管它是客观个人信息还是主观个人信息。

综上所述，对个人信息进行分类的主要目的是扩大对个人信息的保护范围。无论什么类型的个人信息，法律都应该予以保护。

五、个人信息的法律属性

目前存在的关于个人信息的法律属性的学说有所有权客体说、隐私权客体说和人格权客体说等。

所有权客体说认为，个人信息最重要的价值就是经济利益。一些不法分子大量收集个人信息，目的就是希望这些信息能够带给他们经济利益。所有权客体说出自隐私经济学理论，其代表人物是波斯纳。该理论认为，信息收集者只是简单地对个人信息进行大量收集，可见，他们的目的不是去了解信息主体，而是把这些信息根据一定的特点和方向进行分类，然后使这些信息组成一个庞大的数据库；信息收集者构建这个数据库主要是为了通过体现某一群体的共同特征来满足自身的需求，或者满足别的数据库的需求，从而为自己谋取利益，而不是为了识别某一特定的个体。个人信息的收集者无论通过怎样的途径获取个人信息，只要在法律允许的前提下，并且不损害公共利益，就可以对信息进行使用、处分，可以通过信息获得收益。

隐私权客体说认为，要把个人信息纳入隐私权的保护范围。隐私权客体说的发源地是美国，其典型的代表是《隐私权法》。根据美国相关法律的规定，凡是和私人相关的信息，即使对所属的主体没有实质性利益影响，也应被视为隐私权保护的对象。

人格权客体说认为，个人信息更多地反映了人格利益，应被纳入人格权保护范围。德国是认可这一学说的国家。德国在最初的相关研究与立法中，主要采纳的是隐私权客体说。1977 年生效的德国的《联邦个人资料保护法》提出，保护个人信息以保护人的隐私为目的。1990 年，德国对《联邦个人资料保护法》进行了修订。修订后的《联邦个人资料保护法》把个人信息从隐私的范围内剥离出来，将个人信息列入人格权保护范围。自此产生了个人信息权（又叫作个人资料自决权）。个人信息权对人格权的保护模式进行了沿用。这种保护模式后来成为大陆法系国家保护个人信息的法律范本。

当前，大部分专家和学者表示，应该把个人信息看作人格权的客体。他们以所有权客体说为理论依据，认为信息收集者收集个人信息的目的是获得经济利益，从而做出个人信息具有财产属性的推论。这种推论是片面的，没有关注个人信息的人格属性。个人信息不仅有财产属性，也和信息主体的身份密切相关，因此具有人格属性。隐私权客体说强调个人信息具有隐私性。但是如果简单地将个人信息纳入隐私权的保护范围，是不太合理的。因为个人信息与隐私存在着本质区别。

综上所述，个人信息既有财产性，又有人格性。应该对个人信息进行全面的法律保护。

六、个人信息权

（一）个人信息权的概念

个人信息权是指权利人拥有使用、控制和支配个人信息的权利。

（二）个人信息权的内容

1.个人信息知情权

个人信息知情权指的是信息权利人具有知晓信息处理者使用信息权利人个人信息情况的权利。要想保护个人信息，必须清楚信息主体的哪些个人信息易于被收集、处置和利用，特别是在这些操作过程中，个人信息有没有被再次加工，是否还具有真实性、完整性和准确性。

2. 个人信息保密权

个人信息保密权的保护对象是全部的个人信息，不局限于敏感个人信息。信息权利人也有权保护琐细个人信息的私密性。其他人无论收集或使用这些个人信息，还是随便泄露这些个人信息，都可以被视作对个人信息保密权的侵犯。

3. 个人信息决定权

信息主体拥有对个人信息进行分析、出售、使用等操作的决定权。个人信息决定权对个人信息的权利所属人进行了确定。信息主体具有支配个人信息的权利。信息控制方在对个人信息进行处理时，必须遵循合法原则、正当原则和必要原则。信息控制方遵循合法原则主要体现为采用合法的方式处理个人信息。信息控制方不能利用非法手段收集、售卖、故意传播和泄露个人信息，不能侵犯信息主体的合法权益。信息控制方要和信息主体正式签订合同，做到公平、诚信，不能利用网络侵害信息主体的合法权益。信息控制方遵循正当原则主要体现为以正当目的为前提去使用个人信息，不能做违法的事。信息控制方对个人信息进行收集、处理和使用时，要履行签订的合同中的义务。同时，信息控制方收集的个人信息必须和其所处的行业是相关的。必要原则也称为最低限度原则。网络服务方收集个人信息时，应遵循必要原则。网络服务方为了提供更好的服务，会收集大量的个人信息，但要最低限度地收集个人信息，而不能过度收集。

4. 个人信息更改权

信息主体有查看个人信息、了解个人信息所处状态的权利。如果在查看个人信息过程中，信息主体发现个人信息有不正确之处，有权要求信息控制者进行修改，对于不全面的个人信息，有权要求补充，对于过时的个人信息，有权要求更新。

5. 个人信息删除权

个人信息删除权就是当法定的事由或者之前约定的事由发生的时候，信息主体有权要求信息控制者将其个人信息清除。信息主体通常可在以下几种情况发生时行使这项权利：①没有了处理和使用个人信息的目的。信息控制方通常要在明确的目的范围内对个人信息进行处理。一旦没有了处理和使用个人信息的目的，信息主体就有权要求信息控制方终止处理其个人信息，并要求删除其个人信息。②期限已满。③对个人信息的处理行为不合法。

6. 个人信息封锁权

个人信息封锁权是指在法定或约定的事由发生的时候，信息主体有权要求通过一些方式来暂停处理其个人信息。

7. 个人信息报酬请求权

个人信息报酬请求权是指信息权利人因其个人信息被收集、处理与利用而享有的向信息处理主体请求支付对价的权利。信息处理主体收集、储存、使用信息权利人的个人信息，应当支付对价，应当根据与信息权利人平等协商达成的协议，向信息权利人提供一定的报酬。但是，信息权利人行使此项权利应当主要限于基于营利目的的收集、处理和利用个人信息的情形。基于公共利益目的对个人信息的收集、处理与利用一般不产生信息报酬请求权。

8. 个人信息救济权

信息主体如果发现自己的个人信息被非法收集了，而且未经允许被使用，就可以要求侵权者立刻停止侵权行为，并且赔礼道歉，消除负面影响，也可以要求侵权者赔偿一定的经济损失。如果信息主体的合法权益受到侵犯，信息主体就有权利通过法定的方式来保护自己的合法权益。

第三章　大数据时代个人信息保护面临的典型风险

第一节　全球化背景下数据主权与安全风险

一、数据主权

随着数字贸易的全球化发展，大规模和复杂的个人数据跨境流动成为常态。2016 年 2 月，国际著名咨询机构麦肯锡全球研究院（MGI）发布《数字全球化：新时代的全球性流动》报告。该报告指出，2008 年以来，在全球商品流动趋缓、跨境资本流动出现下滑的情况下，经济全球化并没有因此而逆转或停滞。相反，因为跨境数据流的飙升，经济全球化进入全新的发展阶段。在经济全球化背景下，个人数据跨境流动规制成为焦点。除了个人信息保护以外，针对个人信息跨境安全的数据主权与安全研究也在全球兴起。

国内学术界对数据主权的概念没有统一的认识，较具代表性的观点如下：蔡翠红认为，数据主权的概念可以分为广义和狭义两类：广义的数据主权包括国家数据主权和个人数据主权，国家数据主权是个人数据主权得以实现的前提，国家数据主权依赖个人数据主权的支撑和表达；狭义的数据主权仅指国家数据主权，而个人数据主权可称为数据权，指用户对其数据的自决权和自我控制权。[①] 很多中国学者认为，数据主权

① 蔡翠红．云时代数据主权概念及其运用前景 [J]. 现代国际关系，2013（12）：58-65.

是国家数据主权。齐爱民等认为，数据主权分为国家的数据管理权和数据控制权，但强调拥有数据主权并不意味着对数据跨国流动的完全控制，而是要在管理、控制数据和让数据自由流动之间寻求平衡。①

本书认为，数据主权是指一个国家对其物理地域范围内的个人和组织产生的数据拥有的最高权力，其核心目标是保障本国公民和企业的数据权利，维护国家安全和公共利益。数据主权由权利和责任构成：一是主权国家对本国数据享有的管辖权、利用权、获取权和消除权等权利；二是保护涉及个人隐私和财产、企业数据资产以及国家安全的相关数据的责任，包括对本国公民和其他境内行为体在国际社会的数据行为负责。但是，数据主权的实现具有复杂性。第一，数据主权对权力关系具有依赖性。任何国家的数据主权都面临来自纵横两方面的制约因素：纵向的制约因素是国家和超国家组织甚至个人之间的网络空间权力关系，横向的制约因素是一国网络空间的实力和其他国家之间的权力关系。各国的数据主权管辖需要与其他国家和行为体之间产生权利交换与权力妥协，单方面强调对本国数据资源的绝对控制最终将导致数据流动停滞和网络空间分裂。第二，数据主权管辖边界具有重叠性。大型跨国公司的数据中心在全球分布，导致数据反映的对象、数据平台、经营主体隶属于不同国家法律管辖范围，国际法缺失和各国法律差异导致数据主权管辖边界面临重合和冲突。例如，美国谷歌公司将德国公民数据托管在谷歌设置在爱尔兰分公司的数据中心，德国（属人管辖原则）、爱尔兰（属地管辖原则）和美国（国家执法义务等）对其中的数据均有主权管辖的需求和主张。第三，数据主权管辖能力具有不对称性。技术发展、商业发展导致数据的权属关系模糊，海量、异构、实时数据的跨境流动削弱

① 齐爱民，盘佳．数据权、数据主权的确立与大数据保护的基本原则［J］．苏州大学学报（哲学社会科学版），2015，36（1）：64-70，191.

数据主权的管辖能力，全球数据主权管辖能力不平衡的情况明显。

二、数据跨境流动引发个人数据安全风险

数字经济的快速发展加速了个人数据的全球流动和融合，也凸显了个人数据作为重要的生产要素的价值。个人数据的价值和重要性使其成为被觊觎的目标。全球数据黑色产业链日益成熟，离境数据被恶意利用和买卖的现象频发，个人数据泄露事件不断发生，对个人隐私、财产甚至人身安全造成威胁。同时，各国个人数据保护标准不一致，造成数据在全球范围内流动缺乏安全可信的在线环境。个人数据保护标准较高的国家质疑个人数据保护标准较低的国家，认为低标准将导致数据安全风险，同时本国公民又很难在境外获得个人隐私权侵害的救济。因此，许多国家和地区的个人数据保护立法开始提出数据跨境流动的限制性规定。比如，新加坡、日本以及欧盟等国家和地区提出个人数据保护应具有“相同保护水平”的要求，即个人数据接收国需要达到与流出国相同的数据保护水平，从而为本国或本地区个人数据安全提供保障。

第二节　云计算环境下个人信息安全问题

一、云计算环境下个人信息侵权行为

（一）云计算环境下个人信息侵权行为的特点

相较于传统网络侵权行为，在云计算环境中，个人信息侵权行为具有以下特点：

第一，个人信息侵权行为造成的后果往往比较严重。云计算环境下，个人信息侵权行为往往会出现集合式大规模的微损害的后果。云服务系统设有一个虚拟资源池，全部用户信息都被储存在其中。如果侵入者攻克了任意一个用户的云服务，那么整个云服务平台中全部的用户信息都可能泄露出去。这会造成大规模微损害式的侵害后果。这是一种多数人同时遭受的大规模集中性损害事件，常常在宏观层面造成非常严重的损失，影响范围广。如果不对其及时制止，任其发展，就会使信息主体的合法权益遭到严重侵害，也会导致侵权人更加肆无忌惮。

第二，个人信息侵权行为具有专业性。信息数据在云计算系统中都是以数字代码的形式保存的，普通云服务用户只能获取和使用权限内的信息数据，而侵权人可利用专业的计算机语言，轻松地实现对存储于云计算系统资源池中未取得相关权限的信息进行收集、利用、传播和处理。

第三，个人信息侵权行为具有隐蔽性。云计算环境中存在多样化的个人信息侵权行为，侵权手段通常具有隐蔽性。侵权人往往会在完成侵权行为后对所用服务器中的某一节点进行更改。这样一来，想找出侵权人的地址信息无异于大海捞针。所以，云计算服务模式应在传统信息保护模式的基础上做出改进，从而解决云计算环境下各种亟待解决的个人信息安全问题。

（二）云计算环境下个人信息侵权行为的表现

第一，非法收集和处理个人信息。目前，全世界都对云计算产业的安全性非常关注，并将其作为互联网安全保障的一大难题。虽然云服务终端设置了提供商加密与用户密码两层密码保护，云端防火墙提供防攻击保护，但信息窃取者恶意攻击云软件及云平台等，从中窃取大量用户个人信息的事件仍频频发生。一些云服务用户习惯使用电子邮件传递信息，有些电子邮件中含有大量的商业秘密、个人隐私信息等。信息窃取者可以利用网络技术对云服务终端进行攻击，入侵用户的电子邮件系统，对其邮件内容进行拦截、窃取和篡改，从而对用户信息进行收集、利用和买卖。这种从电子邮件中窃取个人信息的行为属于个人信息侵权行为。此外，擅自编造和修改云端的个人信息资料，导致个人信息不真实，是对个人信息的非法处理，也属于个人信息侵权行为。

第二，非法商业化利用个人信息。如今，云服务渗透到大众生活的方方面面。用户的邮件、短信息、照片、通讯录等各种信息在云服务平台中存储和传输。海量的用户个人信息全部储存在云服务平台中的同一个虚拟资源池中，其商业利用价值与日俱增。一些不法分子可能对云服务平台中存储的个人信息进行收集、加工、处理，将这些信息整理成完整的信息链条，并出售信息链条，从而获取利益。购买信息链条的商家根据自身需求，对信息进行分析、处理，向用户精准投送广告信息，以获取更多的企业利润。

第三，非法交易个人信息。在信息时代，个人信息成为一种可交易的商品，具有潜在商业价值。在云计算环境中，云空间存储着海量的个人信息。信息窃取者为谋私利，将云空间存储的海量的个人信息用于非法交易。而信息主体可能并不知道自己的合法权益被侵犯。

二、云计算环境下隐私保护策略和服务条款

第一，用户在使用云服务时，通常难以对云服务提供商时刻更新的隐私保护策略和服务条款进行跟踪。原因如下：一是云服务提供商对隐私保护策略与服务条款的更改是单方面进行的；二是云服务提供商不一定会将其做出的对隐私保护策略与服务条款的单方面更改告知用户，对此没有明确的实际操作模式；三是即使用户及时了解到隐私保护策略与服务条款已经发生了改变，也很难找出包含最新变化内容的隐私保护策略和服务条款的详细文本。分析各大云服务提供商列出的协议条款可以发现，大部分云服务提供商都在协议中注明了自己可以单方面更改协议内容。在这些云服务提供商中，有一部分向用户承诺，一旦其对隐私保护策略和服务条款等做出重大调整，就会通知每位用户。而有些云服务提供商并没有明确表示会在更改隐私保护策略和服务条款后直接通知用户。少数云服务提供商在隐私保护策略和服务条款中直接声明，对服务商的网站保持观察，及时、主动了解其隐私保护策略和服务条款的更改是用户的义务。

第二，用户往往难以将某一特定的云服务与云服务条款中的声明对应起来。观察和分析云服务提供商公布在网页上的服务条款和隐私保护

协议可发现，云服务的隐私保护协议与服务条款常常被分散在不同的网页和文件中，网页上没有清晰、直观地显示出属于合同的事项是哪个网页或文件中的哪一项内容。此外，一些云服务提供商将全部服务条款拟定在一个综合性的合同中，用于所有类别的云计算服务，这种做法不妥当，因为有时会出现不同于其服务条款的情况。因此，云服务提供商应对哪一类云服务对应哪一类条款做出声明，将不相关的条款删除。例如，腾讯云服务制定的服务条款中，有一个第一层级的概括性的腾讯云服务协议，其各项服务也有对应的、更为细致的服务等级协议，如云主机、云存储、云缓存、云数据库、云对象存储、云数据中心间虚拟专用网络（Virtual Private Network,VPN）、云负载均衡等服务的等级协议，云服务市场服务商接入协议与云服务市场用户协议 V1.0。云服务提供商对云服务条款进行这样细致、全面的分类，将权责划分得很清晰，提升了企业的竞争优势。

第三，云服务提供商与个人用户直接签订的云服务协议不同于其与商业机构签订的协议。云服务提供商与商业机构签订服务协议，采用的安全标准往往会更高，对可能违反信息保护原则的行为的响应速度往往更快，对可能造成安全危机的潜在风险因素敏感度更高，对信息安全风险会采取更有效的防范和处理措施。

第四，在保护个人信息方面，云服务协议往往规定了云服务提供商应负的责任与应承担的义务。当用户终止了某一账号的各项服务后，其账号在使用期间生成的各类信息将不能再被服务商查阅。应注意的是，个人用户可以享有的权利不仅包括云服务协议中的各项权利，还包括法律赋予的各种合法权利，如个人信息知情权、个人信息保密权、个人信息决定权等。

一些云服务提供商会在其列出的隐私保护协议中规定用户允许云服

务提供商与其关联的第三方机构共享其存储、采集和处理的个人信息。用户只有接受这项条款，才能使用云服务。也有一些云服务提供商会在网页或界面中提示用户对其合作的第三方机构列出的服务条款及隐私协议进行仔细阅读，使用户清楚地了解第三方机构会对用户的个人信息进行怎样的处理，同时拒绝承担第三方机构处理信息的相关责任。云服务提供商认为，此行为是因为难以保证所有独立的第三方机构都能在保证用户信息安全的前提下提供服务。但云服务提供商可以做到对第三方机构进行适当的引导，鞭策其遵守信息保护准则。

第三节　网上行为的定位跟踪

早在 1971 年，学者米勒就指出："电子计算机将使预测个体或群体行为的虚拟活动成为可能。"他也担忧，在未来，相关的组织机构会利用计算机与信息技术去影响消费者的行为，操控消费者的行为选择。

一、行为营销与网络广告生态系统

大众营销是以往各大公司最常用的营销模式，即以人口统计学理论为依据，将广告投放于特定的电视节目和期刊中。进入信息时代后，广告公司的广告投放表现出了更强的针对性。这些公司会对用户在互联网中的行为进行跟踪，对其喜好、需求进行分析、研究，并以此为依据将更容易引起用户关注的广告投放出来。目前，利用一定的技术手段，广告公司可以全方位、多角度地对用户的信息做出精准分析，以分析结果为依据，将合适的广告内容定向投放给用户，实现精准营销。行为营销指的是通过收集用户的行为信息，分析其行为特点，了解其喜好与需求，再进行广告的精准投放，实现营销目的。这种营销方式以大量的用户行为数据为支撑，以与用户所处情境相似的其他用户做出的反应为依据，向用户提供一对一的服务与产品广告推送。学者达文波特和哈里斯认为，在行为营销之前的分析阶段，营销者需要先按照统计学分析理论对从第三方获取的用户信息进行分析，以便充分利用这些信息。一些公司需要在用户数据分析结果基础上制定相应的营销策略，选择投放给用户的广告类别。①

网络广告生态系统中有众多的参与者，其中包括网站、企业、互联网用户、互联网广告商、提供分析数据或导出共享数据服务的经济实体等。从整体上看，这些服务商大多为提供购物网站、社交平台、新闻媒体等服务或产品的销售商等，不仅自己使用收集到的用户信息，还会将其转售给第三方，以获取更多的利益。而购买用户信息的第三方往往将其用于具针对性的互联网广告更的开发与投放上，或者作其他用途。实际上，在市场中，用户信息被商业化的程度与交易情况是用户根本无法明确知道的。日益精准的用户行为营销分析不仅能精准分析出用户的爱好，还能分析出用户的地理信息及即时需求。因此，越来越多的广告商愿意为大数据技术多花费 60% ~ 200% 的数据分析费用，以向用户投放更具针对性、更精准的广告，从而获取更多的利益。在这样的情况下，大数据牢牢扎根于网络广告行业，一些在线广告商不断尝试利用更新的技术追踪用户的网上行为。这给用户的个人信息安全带来了风险。

① DAVENPORT T H, HARRIS J G. Competing on analytics[M].Boston: Harvard Business School Press, 2007: 7.

二、新型跟踪技术

在互联网时代，为了追踪、分析与说服消费者，广告商已经开发出了很多便捷与成熟的营销跟踪技术，在线广告营销伴随着每一个上网浏览网页的用户。广告行业利用不同的技术，如 Cookie、Flash Cookie、Beacons、HTML5 Canvas Fingerprinting，对用户的行为进行追踪。一些公司还在不断投入大量的资金与技术人员，对新型跟踪技术进行研发。

Cookie 是保存在用户硬盘或内存中的网站服务器，也是一个小型的浏览文件，可以记录用户的浏览习惯、在网页中键入的账户名与密码、浏览的各个网址信息与停留在各个网页中的时间等内容。它是用户浏览网页时，网站为了检测和记录用户的行为信息而送过来的小型数据包，虽然不是用户在用的计算机的浏览器产生的，但也会保存在用户计算机浏览器中。这种小型数据包不仅可以追踪用户的行为，还能将用户曾浏览过的网址推荐给用户，使其不需要重新输入网址与账号密码就能登录网页进行浏览。

在使用 Cookie 时，第三方往往在用户毫不知情的情况下，追踪和记录用户的行为信息，这是 Cookie 技术引发的最严重的问题。广告商通过该技术采集到了一定的用户信息后，就会结合用户需要及行为特点将能够引起用户注意的广告投放给用户，以此进行行为营销，网站服务商则向在线广告商收取一定的服务费用。以上环节中，无论是用户信息的采集还是行为营销的开展，都是在用户不知情的情况下进行的，因此可能造成了对用户个人信息权及隐私权等的侵犯。

Flash Cookie 是跟踪用户在网络中行为的技术。网站开发人员发现用户可以随时将 HTTP Cookies 从浏览器中清除掉，或者在浏览器中设置禁用模式，这说明传统的 HTTP Cookies 没有达到他们想要达到的稳定程度。加利福尼亚大学伯克利分校的一些研究人员对此做出了分析，发现利用 Flash Cookie 中的信息重写功能，可恢复被用户删除的 HTTP Cookies 数据，该功能对恢复传统模式下用户删除或者禁用的 Cookie 数据也非常有效。

广告公司可以通过 Beacons 技术实现对用户浏览网页行为的实时监控，其中包括用户键入表格和检索、打印的信息，甚至包括用户移动鼠标的过程。

随着营销跟踪技术的日益进步，越来越多的网络服务商尝试和采用了深度包检测 (DPI) 技术对用户的上网行为进行检测。

近年来，HTML5 Canvas Fingerprinting 技术成为越来越多跟踪软件与网站跟踪用户上网行为的主要选择。一般情况下，每个浏览器都具有其自己的优势特点，网站能够对用户所使用的浏览器插件、操作系统类型、所在时区等信息进行检测。在 HTML5 中有 Canvas 动态绘图标签，可以根据每种浏览器不同的导出选项、图像处理引擎与压缩等级及其绘制出来的特点不同的图形向用户分配特定的用户编号，用于对不同的用户进行识别和区分，其作用相当于人类的指纹。即使用户的计算机技术再高超，也难以在 Canvas 跟踪技术的监测下保护好自己的隐私。从使用功能上看，HTML5 Canvas 技术不仅能处理图片，还能对用户操作键盘与鼠标等各种上网行为进行监视。目前，几乎不能有效阻挡 Canvas 对用户信息数据的追踪，只要用户使用了浏览器，其在互联网上的操作行为、浏览记录等就会被追踪。

互联网广告商在用户不知情的情况下使用各种新技术对其上网行为进行跟踪。广大用户对很多跟踪技术没有详细了解过，甚至没有听说过。虽然大部分网站对用户使用了行为跟踪技术，但这并未在隐私保护协议中提及，就连效果最强的反跟踪工具与信息隐私保护设置都不能有效地阻止其对用户隐私的侵犯。用户没有任何有效的方法防范各种网络数据追踪技术对自身上网行为的跟踪。随着新型跟踪技术的发展，网络隐私信息保护面临严峻的挑战。

三、“请勿跟踪”的隐私协议及其局限性

实际上，网站与用户之间在隐私保护方面存在一个“请勿跟踪”的君子协议。一些浏览器支持“请勿跟踪”这一协议，用户选择这类浏览器上网时，可以主动选择禁止或授权网站对自己信息数据的采集行为，包括经常检索的关键词、购物习惯、兴趣爱好、经常浏览的网站地址、表格中键入的内容等。一旦用户在开启了浏览器中的“请勿追踪”功能后上网，这类浏览器就会在向网站发送 HTTP 请求的同时，将用户设定了禁止追踪的信息一同发送过去，由网站一同处理。

2007 年，美国联邦贸易委员会收到了美国的一个民间团体提出的隐私保护请求——“请勿跟踪”请求。该民间团体希望美国联邦贸易委员会能列出一份网络广告商的“请勿跟踪”列表，要求各大网络广告商将其利用 Cookie 技术对用户在互联网中使用浏览器的哪些行为进行了跟踪等信息提交到美国联邦贸易委员会。2009 年，斯塔姆与索霍安开发出一款用于火狐浏览器中支持“请勿跟踪”协议的插件原型，火狐浏览器成为首个支持“请勿跟踪”协议的浏览器。随后，美国联邦贸易委员会于 2010 年呼吁各大网络服务商建立一个能帮助用户有效阻止第三方跟踪其网络行为、收集其网络信息数据的系统。之后，微软发布了可有效阻止第三方利用技术手段对用户上网行为进行跟踪的 IE9 浏览器，该浏览器可以在各种信息追踪技术下有效保护用户的隐私安全。陆续跟进的 Safari、Opera 技术与谷歌相配合，使 Chrome23 也具备了“请勿跟踪”

的功能。2015年，微软通过官方博客表示，为了迎合W3C推出的新隐私标准，其“请勿跟踪”功能将改变运行方式，“请勿跟踪”功能不会在浏览器与微软Windows快速设置中继续默认开启，但用户可以根据微软公司提供的引导自行打开此功能。

绝大多数互联网用户将阻止在线广告商与网站跟踪用户网络活动的希望寄托于“请勿跟踪”协议上。在开启“请勿跟踪”功能后，支持这一功能的浏览器会将一个“头信息”添加到其数据传输中，将用户不希望被追踪的意愿传递到商业网站的服务器中。在接收到用户的请求后，一些遵守“请勿跟踪”君子协议的商业网站就会停止对用户上网行为与信息的追踪和采集。然而“请勿跟踪”只是一个不具有强迫性的君子协议，这也就意味着并不是所有商业网站都会遵守这一协议。该协议是一种可在客户端HTTP中自动发送用户请求到服务端的一种机制，网站可以履行该协议，也可以忽略，网站的忽略会导致用户的信息隐私安全无法得到保障。例如，“请勿跟踪”功能以前在微软IE10浏览器中一直默认为开启状态，影响了多家网站获取商业利益。有研究人员从技术上对微软IE10浏览器默认开启的“请勿追踪”功能进行了回应，向Apache的HTTP服务器源代码加入了补丁。此技术回应能主动忽略IE10浏览器默认开启的“请勿跟踪”的字段数据。这样的技术会使浏览器默认的“请勿跟踪”功能形同虚设。

虽然“请勿跟踪”功能是网站与用户之间的一种非强制遵守的君子协议，但用户希望可以自行决定网站能否追踪自己的上网行为信息，将控制和保护自身隐私信息的权利牢牢把握在自己手里。对于第三方Cookie对用户上网行为信息的追踪与采集，部分浏览器持默许态度，但往往会为用户保留选择的权利，也有一部分浏览器默认开启了阻止功能。但有一点仍需注意：已有相关证据证实了没有统一的行为标准要求所有网站都要接受“请勿跟踪”协议，因此一些网站能对这一协议自觉遵守，一些网站忽略此协议，还有一些网站在表面上看似听从了用户的建议，但私下仍继续追踪和采集用户的上网行为信息。

欧盟在2009年修订了《电子隐私指令》，其中要求网站必须先获得用户的授权，才能使用在线追踪技术，除非商家提供的服务必须在追踪用户信息的情况下才能实施，如在线购物车等功能。但该指令在欧盟并没有被贯彻执行。当下许多欧盟成员要求网站在获取Cookie时，须得到用户的一次性明确同意，但评论者往往认为，在很多情形下这一要求并未为互联网用户提供有意义的选择权。

实际上，即使网页浏览器设计了用户使用前自行选择是否接受Cookie模式，也不能完全保证用户的隐私信息得到真正有效的保护，更不能保证网站服务商不会向其他网站分享用户的信息数据。即使用户使用的是开启了“请勿跟踪”功能的IE10浏览器，也可能在进入其他网站时，彻底失去对自身网络信息隐私安全的保护。

综上所述，不难看出，在用户网络信息安全保护方面仍没有完善可靠的标准与策略，“请勿跟踪”协议的开发只是从表面上满足了人们在保护隐私信息方面提出的要求，表现出用户在力求真正控制自身隐私信息不被商业机构采集和利用方面所做的努力。

第四章　基于法律的个人信息保护

针对个人信息保护问题，我国一直在增设相关的法律法规。2003 年我国就曾对保护个人信息的相关法律法规进行过一定的研究，2012 年颁布了《全国人民代表大会常务委员会关于加强网络信息保护的决定》，2020 年颁布了《中华人民共和国民法典》（以下简称《民法典》），2021 年颁布了《中华人民共和国个人信息保护法》和《中华人民共和国数据安全法》，意味着保护个人信息逐步被纳入各个层级的立法项目中。有关专家对此做过调查和统计，现今，我国制定的保护个人信息的规范有大约一百部，分布在地方性法规，部门规章、法律当中。[①] 本章将从法律的角度分析保护个人信息的相关机制。

第一节　信息法概述

一、信息法的产生

随着社会历史的逐步发展，一定会形成相关的信息法，最关键的原因就是为了调整计算机信息（或称为“电子信息”）的生成、储存和利用等信息活动过程中的各种关系。

在信息社会，社会经济资源中占据重要位置的不再是能源和物质，而是信息。随着社会信息化的飞速发展，逐渐显现出信息的功能和价值，法学研究也开始逐步重视信息这种客体并将其当作研究对象，这种

① 齐爱民，张哲．识别与再识别：个人信息的概念界定与立法选择[J]. 重庆大学学报（社会科学版），2018，24(2)：119-131.

转变不单单是研究内容的转变，也是研究方法的重大进步和转变。信息法便是这种转变的具体成果。

信息是社会历史发展的一种产物，它是逐步发展形成的，并不是一蹴而就的，它的发展势头无法抵挡。在很多领域中，信息已经成为法律直接规范的客体。

信息法是由个人信息保护法演变而成的。在人格权的范畴中，关于保护个人信息的问题，英美法系直接提出了新的观念——信息隐私权，它与传统的隐私权理念有一定的区别；而大陆法系实现保护个人信息的方式是给予信息主体个人信息权，这也是一种与以往不同的新权利。虽然两种法系在保护个人信息方面的做法有一定差别，但终究是围绕人格形成的新的权利，这标志着个人信息之上的权利形成。

个人信息法的形成拥有极强的方法论价值，信息这种单独的客体在法律范畴中不再是虚假的，而是真实的。那么法律范畴内的信息是否只包含个人信息（即人格性信息）？计算机信息（即财产性信息）是否也被包含其中？单从方法论的角度分析，财产性信息和人格性信息列入法律范畴的途径是相同的，而且在财产法领域，知识产权法就是以财产性信息（创造性智力成果）为客体。无论是传统的客体，还是新近出现的一些客体，其实质均被认为是一种信息。知识产权包含的商业密码、商标、专利、版权等各种内容都和信息保护存在一定关联，所以一部分专家已经在自己研究的信息法整体架构中加入了知识产权。而近几年来，以遗传资源和非物质文化遗产为表现形式的信息，在发展中国家坚持不懈的努力下，不再被漠视。发展中国家提倡的应该建立新的机制（如以传统资源权利为核心保护遗传资源等）对此类信息进行有效保护的思想已经逐步发展和成熟起来，并被许多国家践行。

在公法领域中应用相关信息更容易出现明显的问题。在社会和国家要求保护公共利益的基础上，必然需要保护国家机密；而在社会成员要求共享信息资源的基础上，则要求公开政府信息。以上种种都需要依靠立法进行相应的规范和调节。

总而言之，不管是从人格和财产的角度看，还是从公法的许多领域看，信息保护都已经作为时代产生的社会问题摆在人们面前。并且，随着各国政府打造信息社会计划的实施，这个问题将产生越来越大的社会影响，并受到越来越多的关注。社会最根本的需求变成信息保护以及信息利用。根据这种社会要求，国家开始制定相关法律法规。法律学专家力求通过法律的视角对因信息形成的社会问题进行定位和分析，并开展系统的、科学的研究，为国家立法服务。于是，就有一些国内外专家推出一个新观念——信息法，力图应用相关法律去消除信息引发的社会问题。

二、信息法的概念

信息法指的是改善由电子信息引发的社会关系变动的法律规范的总称。这个概念说明信息法调整的客体为电子信息。所谓电子信息又称为计算机信息，简单说就是可供计算机处理的信息。将信息法的调整客体限于电子信息是合理而科学的，这样看似限制了信息法的调整范围，而实际上并非如此，因为许多传统生活中的信息已经由其他部门法予以保护，如商业秘密信息依靠商业秘密保护法保护，国家秘密信息依靠国家秘密保护法保护等。而信息法的调整客体的认定，应该从两个角度着手：一个是牢记研究信息法的出发点，解决计算机等信息技术引发的社会问题，这使得我们主观上应把自己的目光聚焦于电子信息，而非野心勃勃地囊括一切信息；另一个是传统的信息领域已经有成熟的法律制度进行调整和保护，不需要我们另起炉灶把一切推倒重来，既浪费精力，又无实际意义。即便在传统领域，如在商业秘密保护领域中，计算机信息技术也已渗入，有的商业秘密虽然以电子信息的形式存在，但它本质上仍然是一个商业秘密，我们应该根据它的本质认定适用于它的法律，而不是根据它的形式。

三、信息法的调整对象：信息关系

信息关系有广义和狭义之分。广义的信息关系，是指围绕信息而产生的一切社会关系，即在信息安全防范、管理、公开、保护、交易、权属等过程中形成的社会关系。信息关系的直接客体就是信息，依据信息中蕴含内容的区别，可将其划分成信息权属关系、信息交易关系、信息保护关系、信息公开关系、信息管理关系、信息安全关系。信息权属关系和信息交易关系都从属于传统私法领域，它们负责的主要内容就是处理财产性信息权利应隶属于哪一部分。信息权属关系包含多种关系，如信息产权关系、其他信息产权关系以及基本的知识产权关系。信息交易关系指的是平等主体之间交易时的客体形式信息形成的社会关系，其中最具代表性的就是计算机信息交易。信息保护关系在公法和私法领域中都有涉及，指的是为保护某些信息形成的所有社会关系，包含以下几种：个人信息保护关系、商业秘密保护关系、国家秘密保护关系。信息公开关系隶属于公法领域，指的是政府在将某些公共信息进行公示的过程中产生的社会关系。信息管理关系隶属于公法领域，指的是为保护信息内容且确保信息品质而产生的社会关系。以信息管理为对象形成的社会关系，最普遍的就是档案信息管理关系。信息安全关系指的是在阻止和惩处损坏计算机信息的犯罪活动中产生的社会关系。信息关系经受法律的相关调整就会产生信息法律关系。

狭义的信息关系，指的是由信息技术的应用引发的特殊信息关系，即在信息的安全防范、公开、保护、交易、权属等方面应用信息技术形成的社会关系。广义和狭义的信息关系的范围并不相同，其差别在于信息技术的使用。狭义的信息关系是由信息技术的应用引发的新类型的信息关系，是信息关系的下位概念。对信息关系进行限制是合理且必要的，主要原因在于信息是极其复杂的，其并不是从现在才开始进入法律领域的，而是早已有之的。我们没有必要推翻原本已经培育成熟的法律（如知识产权法、国家秘密保护法和商业秘密保护法等），也没有必要将它们纳入信息法的怀抱，这样做既无必要也不现实。并且从方法论上看，这样做背离了我们研究信息法的初衷。

因此，以狭义信息关系为基本定位，以信息技术的使用为着眼点来构建信息法体系，既符合信息法实际，又符合社会发展的要求。

四、信息法的体系构成

笔者认为，信息法的体系主要包含以下几个部分：个人信息保护法、政府信息公开法、信息权属法、信息交易法、信息安全法。

（一）个人信息保护法

个人信息保护法最早问世的时间是1970年，它是一种为了保护比个人信息更高层次的人格利益而制定的领域法。1970年，美国颁布了《公平信用报告法》，这是美国开始制定保护个人信息法律的起点；同年，联邦德国黑森邦颁布了《个人资料保护法》，揭开了欧洲制定保护个人信息法律的帷幕。1973年，瑞典颁布的《瑞典资料法》是世界最早的规定公私部门如何处置个人信息的国家级成文法典，从此以后，英国、德国以及欧美其他国家依次制定了相关的保护个人信息的法律。直到今天，个人信息保护法的历史已经超过50年，形成独属于自身的、有特色的制度体系及原则，成为以行政法和民法融合为基础的一个新的法律门类和研究领域。

（二）政府信息公开法

信息公开法是为了保护政府公布公共信息、人们自由获取及传递公共信息而制定的法律法规的集合，它包含两部分，即信息传播法和政府信息公开法。

信息传播法也被称为大众传播法，指的是为了保护和调整信息传播过程中的各种关系而制定的法律法规的总和。大众传播指的是经由一部分技术和机构组成的专业化群体，依靠机构本身和技术，借用电视、电影、广播、报刊等方式向广泛分布的、截然不同的、数量极多的大众传播某些信息的过程。大众传播对公序良俗、政治观点、社会道德、社会观念等各种社会意识形态的形成影响很大，而且新产生的以网络技术为基础的网络传播形式也会产生新问题，法律调整刻不容缓，所以我国十分重视信息传播立法工作。现行的一系列相关法规规章如《电子出版物管理规定》，在信息传播自由保障方面发挥着重要作用。

1766年，瑞典颁布了《新闻自由法》，拉开了近现代史上政府为信息公开立法的序幕。它的立法项目主要针对新闻媒体，新闻媒体在立法之后获得自由转载政府公示信息的权利。直到1990年以后，全世界才发现它的价值并给予高度关注。自此以后，在全球范围内基本上每年都会颁布新的信息公开法。现在，世界早已迈入信息和知识经济时代，社会经济前进以及个体自由发展都离不开信息这种资源，它是社会组织以及组成人员开展各种活动的动力和基础，是推动社会进步和发展最关键的要素。

公开政府信息为公众所用，已经成为历史发展的必然。

政府信息公开的义务主体是各行政机关及经授权行使行政管理和公共管理职能的其他组织，立法机关、司法机关、国有企业不应当是政府信息公开的义务主体。政府信息公开的客体应当包括所有的政府信息，免于公开的事项除外。免于公开的事项包括国家秘密、行政秘密和私人秘密。公开信息的方式一般选用受申请公开和主动公开相互结合的形式，同时需将我国在地方立法实践过程中选用的预公开制度和内部公开制度融合进去。公开政府信息的义务人需选择固定的个人和机构负责信息公开工作；政府需创建负责信息公开的主管部门，主管和监督各行政机关的信息公开工作。由政府各相关部门组建处理信息公开工作的联合会议，专门解决在信息公开过程中遇到的所有重大事项，并赋予其稽查个案的职权，补充其行使行政诉讼和行政复议等传统救济制度的权利。

（三）信息权属法

信息权属法，包括信息产权法和计算机信息权属法两部分。

信息最早受到系统保护就是从知识产权法开始的。信息产权法是知识产权法发展的高级阶段，仍然以知识产权为主体。信息产权法的目的是保护固定不变的财产性信息，主要包括固定的知识产权法，以及近年来出现的数据库保护法、遗传资源保护法等。

单从产权的创作角度分析，信息法可包括数据库法、工业产权法、版权法、无形物法。实际上，信息产权法中最关键的内容早在信息社会以前就已经出现，即传统的知识产权法，而且知识产权现在仍是信息产权中最重要的内容。原先知识产权的客体是具有创新性的智力成果，虽然不是信息的全部，但是最为优化的信息，最为人们所关注，具有广泛用途。随着信息时代的来临，社会生产和生活越来越依赖信息，没有达到知识产权保护标准的信息也登上了历史舞台，显示出越来越大的社会价值。而传统的知识产权只保护信息中最符合创造性标准的部分，那些达不到知识产权保护标准，却又具有社会价值被广泛应用的信息，就需要一个新的概念归属，这就是信息产权。因此，由知识产权扩展为信息财产权，将那些富有价值却没有智力创造性或其智力创造性还存有争议等不符合传统知识产权客体法定条件的信息纳入法律保护的范围，显然是一个必然趋势。信息产权作为知识产权的扩展，成为涵盖传统知识产权和以其他特定有用信息为客体的财产权的共同上位概念，将传统的知识产权转化为信息产权的一个子集。

信息权属法还有需要信息法加以关注和研究的内容，那就是计算机信息权法。计算机信息权法是指确认计算机信息的权利归属的法律，其保护的客体是计算机信息。

（四）信息交易法

信息交易法的目的是保护不断变化的财产性信息，因此逐渐受到许多国家和地区的关注和重视。1999 年，由美国统一州法委员会颁布的《统一计算机信息交易法》（*Uniform Computer Information Transactions Act*，UCITA）举世瞩目。在过去 20 多年时间里，美国的信息产业获得飞速发展，甚至在规模上超过许多制造业，其信息交易的美元价值和数量无比庞大。UCITA 是关于计算机信息许可合同的相关规则，它被大众普遍认同和接受，适宜使用的对象非常广泛，不仅计算机软件可以用，其他能清楚辨别的计算机信息形式也都能用，如计算机化的音乐和数据库。UCITA 还规定了访问计算机信息网站的相关合同，还适合于只记录计算机信息的光盘和磁盘等存储设备。但是，它并不能用于发行报纸、杂志、图书、电影等许可合同的传统合同，而且对于那些虽然是由计算机信息构成的电影创作和自由撰稿人签订的新闻报道合同也不适用。此外，会计、律师、医生等负责提供专业服务的合同也不适用，虽然他们和被服务对象直接交流的方式是计算机信息的形式。显而易见，适用信息交易法的对象只能是“财产性计算机信息”，是拥有直接财产价值的计算机信息，其余媒介形式的信息都不行。UCITA 形成所触及的规则包括以下几种：认证程序、访问合同、大众市场许可证等。UCITA 为交易财产性信息制定相关法律奠定了基础，促使信息交易法从虚拟的概念法变成真实的部门法。这里需注意一点，具有本质意义的信息交易法不单单适合计算机信息使用，它对于所有可辨别的财产信息都适合。换言之，它和信息产权法中的财产性信息在本质上是相同的，其信息交易的对象包括所有信息产权的客体。

（五）信息安全法

信息安全法的目的是保护信息的安全，它在信息法中的地位至关重要。在如何保护互联网上的信息安全这一问题上，各国的实际做法五花八门。我国、新加坡、沙特阿拉伯选用技术管制的方法严格把控计算机网络连接国际网络的出入口；澳大利亚、美国选用在国内制定相关的法律控制计算机互联网网络；英国选择的管控方式是努力试验和推动网络业界形成行业自律。对信息安全制定刑事法律一般有以下三种：第一种是修订原有的刑法，达成保护信息安全的目的；第二种是重新制定信息安全法规，选择制定特定的法律对信息犯罪活动实施集中惩治，从而达成信息安全的目的；第三种是将上述两种方式结合使用，即先对相关刑法进行修订，对于特殊领域则制定专门的法律保护信息安全。

信息安全法的主要目的是保护信息安全，阻止某些人通过互联网实行各式各样的犯罪活动。单从法律特性讲，它隶属刑法领域。拟定有关法律，对互联网行业合规、有序开展活动有极大帮助，从而增强监管信息安全的力度，坚决打击各种类型的犯罪活动，推进信息网络和谐健康发展。

由于篇幅有限，以下将重点分析个人信息保护法和信息安全法。

第二节　个人信息保护法

一、个人信息保护的立法模式

（一）统一立法模式

1.统一立法模式的概念

个人信息保护法的立法模式指的是国家政府为保护个人信息制定相关法律时所选用的与调整范围相关的法律模式。统一立法模式指的是国家制定相关法律，统一规定民事主体和国家机关运用、处理、搜集个人信息的立法模式。欧盟特别提倡后者，这也对之后许多国家的立法影响深远。

2.统一立法模式的优势

第一，统一立法模式能使国家内部清楚必须保护个人信息，促使自然人拥有绝对掌控自身信息的法律权利，这对实现人权的帮助是巨大的。欧洲国家选择保护个人信息的普遍观念和做法就是将自然人对本身信息具有的权利经过立法后变成专门的法律权利。统一立法模式是保护个人信息最有力量的制度。信息主体可通过这种模式享有个人信息权这种法律赋予的权利。个人信息权属于具体人格权的一种，指的是信息主体享有依法控制和支配自己个人信息且防止受他人伤害的权利。它的内容包含以下几种：信息删除权、信息封锁权、信息更正权、信息查询权、信息保密权、信息决定权等。

第二，统一立法模式为保护个人信息设定相同的法定标注。法律法规之间存在各式各样的联系，并不是毫不相干的平行关系。所以，这种立法模式的长处就是应用体系的形式总体上把控并创建相同的保护标准，这种方式会改变自律机制各自为政的缺点。

第三，统一立法模式为保护个人信息制定科学的行为规范。从立法程序的角度分析，统一立法模式是一个国家相关领域中的所有专家集体智慧的结晶形成的法律；从宏观角度看，它比自律机制下的自律规范更科学、更标准。

第四，统一立法模式为受到侵害的人提供足够的援助，对那些损坏信息主体利益、违反个人信息保护法的活动和行为实行对应的法律惩治。通常情况下，行业自律做不到这一步。国外就保护个人信息制定的法律一般都有专门章节明确规定法律责任，重申违反之后必须承担的后果，用于补救被侵害权利的个人。这种责任一般分为三种：刑事责任、行政责任、民事责任；而自律机制普遍缺少相应的援助措施，被损坏的权利也不能获得实实在在的补救。

第五，统一立法模式形成的法律规范比自律机制的自律规范更有权威性。法律是国家可强制实行的，在本国范围内拥有广泛的约束性，它的权威性自然远超自律规范。用法律规定运用、处理、搜集个人信息的行为，对达成保护个人信息的目的更有效。保护个人权利最有效的方式就是制定相关法律法规，严格规范法律条件、程序、制度，调整运用、传输、存储、处理、搜集个人信息以及保证个人信息安全等行为规范，强制规定行为时间、行为对象、行为方式、行为目的、行为主体等内容。

第六，法律规范更能获得人们的广泛认可和遵循。国家强制力是法律规范的坚强后盾，其往往更容易被社会公众所遵守。

3. 统一立法模式的弊端

统一立法模式与自律模式不同，它直接使自然人在自身信息上的权利变成法律权利。如此的话，统一立法模式虽然对保护人权有帮助，但有可能限制信息的随意流通，对市场自由和创新产生约束。而且从法律实施的成本角度分析，也是不小的负担。

（二）分散立法模式

分散立法模式指的是在全国范围内不设立保护个人信息的基础法律，立法时选择在不同事项或是领域单独立法的模式。美国在公共领域中的政府机关运用、处理、搜集个人信息时会选用此种模式，对不同事项或领域单独制定法律保护个人信息，最后在保护个人信息方面形成多元化立法的格局。

分散立法模式对形成多元格局很有帮助。美国选用分散立法模式保护个人信息的原因之一就是防止立法权力过大，对寻常的商业活动和政府行政实施干预。选用此种模式可依据政府行政业务和惯例立法，防止出现统一立法那种直接武断的“一刀切”行为。美国选用此模式在保护个人信息方面逐渐形成多元化格局，保护个人信息的行为更细致，对于不同性质的个人信息分别制定法律保护，对于损害个人信息的不同行为也分别惩处。但是分散立法模式缺少统一、集中的立法，制定的不同法律也很容易出现重复和冲突部分，进而造成保护标准不统一，对个人信息无法提供有效、和谐的保护。

（三）安全港模式

1. 安全港模式的概念

安全港模式指的是将民事主体的自律模式和国家立法模式相互结合后产生的一种保护模式，实际上就是在制定某行业相关法律时，吸收对应的自律规范，即只要某行业的机构和组织通过了由该行业对应国家机关审查并遵守行业自律规范，就是遵循本国相关法律的一种立法模式。此模式只要求信息处理主体遵循该行业制定的行业规范，所有行为遵循相关法律，不能因违法被起诉，简称为“安全港”。此模式要求相应行业组织和行政机构依据自身行业的实际情况，制定一项合理、恰当的保护个人信息的规则，送交法定机构审核，经法定机构同意之后方可执行。此规范和法律具有同等法律效用，即遵循该项自律规范就是遵循相应法律。安全港模式同时具备自律模式和立法模式的长处，不但拥有法律的强制性和统一性，还能精准把控各个民事主体和行政机关的真实情况，保护个人信息实现立法和自律的双重效力，是一种充满生机的模式。我国应以立法模式为基础，借鉴和吸收安全港模式的优势，即在保护个人信息时以制定统一的法律为基础，有条件地、适当地认同自律规范的效用。

2. 安全港模式的实施原则

（1）优先适用原则。美国联邦贸易委员会对于某企业是否违背公平信息行为原则作判断时，最先评判的是该企业有没有违背本行业制定的安全港规范中的程序和具体规定。在此种模式之下的企业不但要遵循行业规范的所有内容，还要遵循其中的执行和审查程序，这些程序相当于替代委员会自主进行的执行和审查程序。

（2）行业入“港”原则。在此模式中，联邦贸易委员会负责审核的自律规范是整个行业的，不是单个处理信息主体的（如某个企业制定本企业的隐私保护政策）。所以，委员会只需对提交的自律规范进行审批，给出通过或是撤回的结果，就可以从宏观角度把控某行业的个人信息保护，这直接影响着整个行业的发展以及个人信息保护水平。

（3）双重监督机制。应用此模式，相当于联邦贸易委员会和行业监督部门同时监察行业中的企业，不但能保障相关行业规范的高效实施，还能在上报联邦贸易委员会以前就解决更多矛盾。

（4）最终裁判原则。此模式下，权利主体可从自律规范中获得解决争端的救济方法和相关机制，不过仍然需要委员会行使最终决定权。个人信息主体的个人信息被损害时，仍能向联邦贸易委员会提起诉讼。

（四）我国立法模式的选择

1. 统一立法模式与自律机制相结合

在全球范围内，选用统一立法模式的国家包括少量的英美法系国家和几乎所有的大陆法系国家。统一立法模式是直接为保护个人信息制定法律，此法等同基本法，它的特性就是对保护个人信息的统一性绝对重视。同时考虑到私人机关和行政机关在处理个人信息行为上的内在关系，其对司法选用同一标准具有帮助。美国选用的分散式立法是对不同领域单独立法，它最重要的优势就是立法有针对性，目标精准，内容判定清楚；缺点就是很容易在司法和立法上出现不能统一执行法治的情况。根据我国一直遵循的法律传统和现有的法律机制，统一立法模式是最佳选择。

同时，我国个人信息保护需在统一立法的基础上增加自律模式，两者择善而从，相互结合。从我国的现实情况看，在统一立法模式中增加行业自律，不仅能完善统一立法模式，还能兼蓄两种模式的长处。

2. 制定个人信息保护法的优势

选用立法模式来保护个人信息，其实就是要制定对应法律充当基本法。制定个人信息保护法就是因为它是保护个人信息领域最基本的法律，是统领全局的法律。具体阐述如下。

第一，个人信息保护法是保护个人信息的所有法律中的普遍规定和总则。它规定的内容是保护个人信息领域中最普遍、最主要、最重要的问题，而单行法制定的法律主要针对的是某特定领域。个人信息保护基本法可以为个人信息保护特殊领域的立法以及行业自律规范的制定指明统一方针与基本方向，保证我国个人信息保护法制的统一。

第二，个人信息保护法是行业制定本行业自律规范以及针对特殊领域制定个人信息保护法的重要依据。针对特殊领域制定的个人信息保护法，总的依据是本国宪法，个人信息保护法是详细依据。在特殊领域保护个人信息时，需遵循的原则和宗旨不能和个人信息保护法有冲突。

第三，个人信息保护法是保护个人信息领域中无法代替的、唯一的法律。随着社会的进步和发展，对保护个人信息领域，我国极有可能制定许多和金融法以及环境法相同的单行法，这些单行法不具备基本法的地位，更不可以和基本法的基本原则以及宗旨有冲突。在个人信息保护领域，唯一的基本法就是个人信息保护法。制定保护个人信息的基本法，可以避免单行法之间的矛盾与冲突，保障立法和司法的统一。

二、个人信息保护法的立法宗旨与基本功能

为保护个人信息制定相关法律最主要的目的自然是保证自然人的人

格利益，但个人信息本身就是社会中一项关键的经济资源，对国际贸易来说更是拥有极高战略意义的重要资源，所以制定相关法律时要考虑推动合理运用个人信息的需求。制定个人信息保护法不仅是全方位保护个人信息的实际要求，还是全方位推动国际贸易发展的实际要求，并且对国家的经济发展、文化主权、信息主权都有影响。

（一）个人信息保护法的宗旨

保护个人信息的利益可划分成两部分：一部分是信息主体的利益，另一部分是信息管理者的利益。而制定个人信息保护法的目的就是保证两者的基本利益是相等的，进而达成推动经济发展以及保障人权这两个目的。简单来讲，个人信息保护法的目的就是在保障自然人个人信息权的基础上，合理、恰当地运用个人信息。

1.个人信息资源的开发利用

1960年，电脑的普遍应用意味着人类社会从持续100多年的教会、社区、家庭等简单社群社会逐渐转变成信息社会。在信息社会的环境中，社会信息的重要性不言而喻，其中个人信息占据关键地位。信息社会展示出高度网络化、多元化、都市化的特征，人们在如此多的组织和社群中生活，这种生活模式会促使人们依靠信息。于是，在这样的社会信息化转型的环境中，信息成为商品开始进行交易，而这类商品中最特殊的就是个人信息。个人信息是一种十分关键的社会资源，海量的个人信息不仅能为政府执行国家权力打下坚实的基础，还能使民间机构收获庞大的经济利益。

政府制定相关政策最关键的一环就是搜集大量个人信息并分析，这就需要组成联合体的个体出让自己的“信息”。政府机构以分析详尽的、海量的个人信息为基础，精准制订计划并落实政策，所以，政府机关做出正确决策的关键就是上述信息的准确性和全面性。商业机构的运作同样也需要组成联合体的个体出让自己的某些“信息”。在利润的推动下，个体的“信息”可能会被交易。个人信息交易的出现，不仅表明信息是一种可以交易的资源，而且表明社会已经将个人信息作为一种新的资源去对待。

2.个人信息的二次利用

二次利用，也叫加值利用，指的是运用个人信息的目的比搜集个人信息的特殊目的要重要得多。二次利用个人信息的态度决定了个人信息保护法的基本立场，也是社会对个人信息资源的基本态度的客观反映。本书将政府对个人信息的再利用称为加值利用，从而和商业机构进行区别。个人信息收集的目的在于利用。通俗来讲，运用个人信息不但包含依据收集个人信息目的的运用，还包含二次利用这种相对复杂的运用。追求效率是政府二次利用个人信息的目的，体现在两个方面：一是决策利用；二是商业利用。政府经常要将为一个目的收集到的个人信息运用到另一个目的上。比如，如果政府要提高春运火车票的价格，就需要召开听证会。政府可能利用为其他目的建立的数据库中的个人信息进行随机选取，这个利用就构成了为决策而进行的加值利用。目前，在我国，政府对其掌控的信息资源进行加值利用的情形越来越普遍。政府在商业方面二次利用个人信息主要体现在应用相关产业方面。这些政府部门将其余政府部门拥有的个人信息搜集过来，再依据一定的目的和方式对其进行二次加工，并向社会大众有偿提供。

商业机构的个人信息的二次利用更为复杂。许多网站出于商业目的，和其他机构共享用户的个人信息，甚至包括敏感信息。大多数的网站是通过跟踪软件在使用者本人不知情的情形下获得其个人信息，并将这些信息开发、利用和传输；也有许多商业机构通过网络大量采集用户的个人信息，并将其进行二次开发利用。

在信息社会中，运用和开发个人信息资源变成一种趋势，所有妨碍个人信息被开发和利用的做法，都会与信息社会的本质产生冲突。个人信息这种社会资源，自然也会被商业机构和政府机构利用和开发，为了平衡各方利益，就需要通过法律途径规范信息的二次利用。

3. 开发利用与人格权利保护之平衡

个人信息保护法的目的是保持个人信息资源的开发和利用与人格权利保护之间的平衡，即保持促进经济发展和保护人格权利之间的平衡。

（1）保护个人权益。从数据层面分析，个人信息保护法的作用就是规定分析数据时应用的方式和规则。创建这些方法和规则的基础必须将信息主体的个人权益置于领先位置并提供保护。个人信息保护法的权利包括隐私、尊严以及其他人格权益。在我国民法体系中，“隐私”应被视为一种权利的客体，属于人格权利的下位权利——隐私权。隐私权和一般人格权是存在区别的。在大陆法系，后者包括了人格独立、人格平等、人格尊严、人格发展等一系列内涵，而这些恰恰是美国法系的“隐私”内涵。

（2）促进信息资源开发。信息逐渐被看作一种有价值的资源，个人信息尤其如此。目前，无论是发达国家还是发展中国家，都感受到了一个急速发展的市场的存在，这个市场就是信息服务市场，其产品就是信息本身，特别是个人信息的买卖可以为政府带来大量的财政收入，为商业机构带来巨额利润。

信息法中存在的一种根本理念就是，信息是社会中的一项基础经济资源。对政府部门而言，税收的征收、社会福利的发放、公共安全的保护、重大疫情的防范、武装力量的指挥乃至刑事法律的执行等，都要求政府收集和保存大量的个人信息。商业机构制定开发战略、进行直销等，也需要储存和搜集海量的个人信息。所以，信息社会的底线就是保证正当、合理地运用个人信息。

（3）个人权益与信息资源开发的平衡。开发和运用个人信息资源，促使社会从传统社会转变成透明化社会，透明化社会通常代表个人权益可能会受到损害。但是，如果过度强调保护人格或隐私，将其与个人信息坚决分割开，很容易限制信息自由流转，甚至导致社会文明进程倒退。基于此种情况，不管是英美法系的国家，还是大陆法系的国家，早就将谋求隐私安全和信息流通之间的最佳平衡点置于制定保护个人信息的法律和政策之内了。

个人信息保护法既保护了个人信息，又保障了政府机构和商业机构处理个人信息的合法性，制定此法的目的就是寻找保护人格权利与利用和开发个人信息资源之间的平衡点。

制定保护个人信息相关法律的目的有两层含义：一是推动个人信息资源的利用和开发，促使社会（主要是商业和政府机构）合理运用个人信息；二是对运用个人信息的人或机构进行权力限制，保护自然人的权利，避免商业机构和行政机关乱用个人信息。

个人信息保护法就是要维护信息社会中保护人格权利与利用和开发个人信息资源之间的平衡，即在确保不损害他人人格权利的基础上，推进个人信息资源的合理、合法运用。从这一层面来看，制定保护个人信息的法律不代表要将个人信息死死保护在暗处，而是寻找一种合理运用和开发个人信息资源的动态的、身处阳光下的安全。

（二）个人信息保护法的功能

制定法律的必要性和法律的意义以及功能是相互联系的一组命题。必要性侧重社会发展和法律环境建设的需求，主要是指客观的必要性，即社会发展所需；法律的意义反映的是人们的主观追求的满足程度，即在人的价值判断的指引下的主观需求的实现程度。

1.保障信息社会基本人权的全面实现

中华人民共和国成立至今已有70多年，在保护和改善人权方面获得举世闻名的成就，坚决保护和尊重人民在文化、社会、经济、政治等各个方面具备的基本权利。尤其是在改革开放以后，中国政府积极参与国际社会中与保障人权有关的一切活动，并且逐步获得世界各国的认同。

个人信息权利是一个自然人最基本的权利，它包含公民的自由和基本权利。搜集和处理个人信息的目的之一就是比对相关信息，通过对照结果判断是否对信息主体实施某些行为。如果信息不准确，那么非常容易损害信息主体的自由和基本权利。例如，如果政府收集到的个人信息不准确，就会停止对弱势群体实施特定保护方案、不再向某些人提供福利等，甚至因错误的个人信息侵害到自然人的基本权利等。

随着社会的发展，自然人在自身信息上的权利逐渐转变成一项重要的、新型的基本人权内容，从这个角度来讲，个人信息法就是保障信息社会人权的法律。

2.保护个人权利

（1）保护自然人人格权免受侵害。随着人类社会大规模应用计算机网络技术，许多个人信息被暴露在网络环境中。而暴露和乱用个人信息必然会严重侵害自然人的人格权。

①直接损害：侵害自然人的精神性人格权。个人信息包括隐私利益和普遍人格利益，选用不正当的方式收集和处理个人信息会直接侵害自然人的人格权。收集和处理个人信息会得出一个被资料塑造出来的信息主体形象，这种形象可能和主体的真实形象截然不同，致使个人隐私泄露，个人人格被侵害和扭曲，不利于社会和谐。收集和处理个人信息的

过程就相当于将收集的一些零散资料重新组合，搜集到的资料越多，组合成的图就越完整，最终拼成完整的图，这张图就是由大量个人信息重新塑造出的信息主体的新形象，就是信息中的“自己”。这种行为本身就是严重损害他人权利的行为。对个人信息的保护，着重于对一种隐瞒事实真相的现象的保护，这意味着社会在保护信息上迈出了一大步。从个人信息的角度来看，信息泄露对自己危害很大，对他人也没好处。

②间接损害：损害自然人的生命健康权。伪造和乱用信息主体的个人信息会侵害自然人主体的生命以及健康权。这种情况是随着电子病历的普及而可能产生的。患者的电子病历包含的医疗信息不单单只有病情记录，还有其他和医疗相关的所有信息，如姓名、联系电话、联系人、家庭住址等个人信息；家族病史、检验检查结果、过敏史等生理信息；支票结算、费用发生状况等经济信息。以上种种都是患者的个人医疗信息，如果因管理漏洞、系统误差、人为篡改、计算机病毒等原因损害到患者存储在电子病历中的个人信息，则会使患者的财产、健康和生命有损。从宏观的角度来看，个人信息保护法能够保护我们的自由和人格尊严，在他人利用我们的个人信息时，能确保我们的个人利益不会受到损害。

（2）保护自然人财产权免受侵害。暴露和乱用个人信息会直接损害自然人的人格权，而在间接损害中，损害自然人财产的行为最多。

在网上进行注册、购物、通信等行为时，将自己的姓名、信用卡号码、电子邮箱地址、身份证号码等个人信息保存到网站中，这些关键个人信息的安全根本无法保证，如有黑客直接盗取消费者在上网时保存的账号和密码，极可能造成经济损失。

暴露个人信息导致损失虚拟财产的情况时常发生。掌控个人信息就是掌控对应空间中存储财产的唯一密钥，若个人信息泄露，那代表财产可能被取走。虚拟财产指的是储存在网络空间中的所有财产，包含狭义的虚拟财产和知识产品。比如，网络游戏中的财产，用户在玩网络游戏时，首先必须要注册，获得独属于自己的游戏ID以及密码，然后使用对应ID和密码登录游戏；如果想在服务器中进行游戏，你可能需要购买点卡；用户通过购买游戏道具参与游戏，在游戏过程中会有所收获，这些所得都属于虚拟财产。随着现代虚拟财产交易行为越来越多，盗窃行为自然无法避免。偷取个人信息后，就可以掌握个人的ID和密码，然后盗取其虚拟财产。一个游戏ID及密码对应一个人的个人信息，这是进入游戏的唯一途径，盗窃用户的个人信息就意味着能占据对方虚拟的财产。

3. 促进电子政务和电子商务的发展

（1）促进电子政务的发展。制定个人信息保护法对电子政务的发展和推广有很大影响。社会生活中各种信息技术的应用越来越广泛，致使许多国家提出建设现代化政府的根本目的就是创建高效的电子化政府。电子化政府指的是政府选择自身相对方便的方式、地点、时间，通过高效应用现代化的通信和信息技术，再依托各种公共电脑站、网络、电话等信息服务设备，为公民、社会组织、企业、政府机关等提供自动化信息以及其他类型服务，进而搭建一个负责任的、高效的、有反馈的、拥有更高服务水平的政府。在创建电子化政府的过程中，必然会收集海量的个人信息并将其纳入政府把控的数据库中。

个人信息保护法和平稳实现政府信息公开化有很大关系。政府信息公开的意义不单单是监察政府的施政结果，创建透明化政府；还是人民可行的、合法的途径。电子政务为实现政府信息公开电子化提供了平台。人民具有知情权是政府信息公开的根本，它和个人信息权都属于基本人权，但在某些特定情况下，两者的含义会产生冲突。政府必须在保护公民个人信息的基础上践行公开信息的义务，即公开政府信息必须在个人信息不被侵害的基础上实现整个社会的信息资源共享。电子化严重影响了信息公开的真实目的，最显著的变化就是公开政府信息的方式有了明显变化，即网络公开的方式。与传统公开方式相比，利用计算机网络公开政府信息可避免许多缺陷。另外，对政府信息的二次利用也相应发生了变化。信息的二次利用是电子化政府信息公开的主要用途。与传统信息公开相比，电子化政府信息公开在某种程度上更改了自身的功能定位，不再只是为满足社会公众的知情权。对政府信息资源进行合理的、充分的、高效的运用，促使它能产生更重要的影响变得尤为重要。

（2）促进电子商务的发展。电子商务的实践过程必然要依靠民间部门和政府部门的通力合作，政策和技术并重且一同实施，这种政策和技术必须要能构建一整套可信赖的、保密的、安全的通信系统，同时要特别注重保护隐私。当消费者完全不相信互联网和线上交易的安全性以及保护隐私的能力时，必然会限制电子商务的发展。实现亚太地区信息的自由流通和整合并促进高效率的信息隐私保护，是实现电子商务发展、增强消费者信任的关键。

电子商务的发展绝对离不开个人信息。所有开展电子商务的商家通常只有掌握一定的个人信息才会开始交易。电子商务活动想要真正兴旺，必然是因为信息自由流通和保护个人信息之间达到一定的平衡。

第一，制定个人信息保护法是电子商务健康发展的前提。目前，我国为解决电子商务中身份认证的难题，制定了电子签名法，但非法使用和泄露个人信息的行为仍然是网络用户十分苦恼的问题。制定保护个人信息的相关法律，是电子商务飞速发展的先决条件。借助法律可以保护所有存储在网络中的个人信息，同时能保证网络用户在其他方面的安全，如经济等。制定保护个人信息的相关法律，是创建个人信用机制的先决条件。只有通过法律手段保护记录的所有个人信息，使人们有安全感，才能真正完善个人记录机制。这也是个人信息市场和安全，甚至是社会安全最重要的界面和交结点。

第二，制定个人信息保护法对增强网络用户的信心有很大帮助。电子商务虽然具有势不可当的发展潜力，但是也存在一个极其明显的难题，即消费者和经营者如何保持绝对的信任以及维护个人信息的安全，保证个人信息安全是保证消费者和经营者相互信任最关键的要素。制定个人信息保护法，是促进电子商务飞速发展的必然要求。

4. 促进信息产业的发展

信息产业是一种新兴产业，是从传统产业中单独分离出来的，它代表的是信息社会最重要的生产力。通俗来讲，信息产业包含三部分：信息传输业、信息服务业、电子信息产品制造业。随着现代信息网络的广泛建设，我国信息产业迈入飞速发展阶段。

不过，在我国社会信息化的进程中，最显著的问题就是保护个人信息安全的问题，这个问题属于公民权利问题。因为个人信息往往蕴含着人格利益，因此，信息主体强烈要求把控自身的个人信息，如果无法充分、有效地保护个人信息，绝对会打击网络用户的信心，不利于信息产业的发展。

5. 促进国际贸易的发展

要想实现国际贸易和合作，最基础的要求就是实现个人信息的跨国流通，如果不能，国际贸易和合作只是无稽之谈。国际社会对此的普遍认知是国内制定的法律不应约束个人信息流通到能合理保护个人信息的国家。对大部分国际贸易而言，它能否顺利进行在于它是否掌控了目标国中其相关业务人群的个人信息。目前，实施国际贸易最基本的原则就是“没有隐私就没有贸易”。对于跨国流通的个人信息，欧盟规定严禁向无法保证个人信息安全的国家进行传递。

对制定保护个人信息的相关法律需要同时考虑两方面的要求，即实现信息自由流通和保护个人权利。在信息社会，信息是社会最基础的经济资源，个人信息是信息社会中至关重要的一部分。国际社会保护个人信息的目的并不是阻碍个人信息实现跨国流通，而是在确定国家能保护相关权利的基础上才能流通，也就是国家不能以必须保护本国信息主体的权利为借口，而阻碍个人信息在可提供保护的国家中实现跨国流通，对满足此条件的国家，法律是同意并鼓励信息流通的。

三、个人信息保护法的效力和适用范围

（一）个人信息保护法的效力层次

分辨保护个人信息相关法律所处的法律效力层次，其实就是判断哪种个人信息保护法适用于哪种情境。个人信息保护法可分为两种，形式意义上的法律和实质意义上的法律，两种类型法律的适应范围不一定是相互补充的，可能会出现交叉和重复。

通俗讲，依据个人信息保护法适用领域由低到高的顺序，将个人信息保护法分成三种效力层次。

位于第一效力层次的法律主要为基本法，如民法、行政法等，它在法律适用中往往是最底层的效力等级。行政法和民法通常都不直接触及个人信息，而是在原则上保护个人信息的相关利益。例如，行政法和民法规范的内容与侵害人格权有关，可能会适用于个人信息遭到侵害的情况；个人信息保护法和行政法、民法之间的关系只是单纯的特别法与普通法的关系，如果两项具有相同性质的规范出现适用性抵触时，可依据法律规定的特别法比普通法优先适用的原则，先行适用具有形式意义的保护个人信息的法律。

位于第二效力层次的法律主要为拥有形式意义的保护个人信息的法律。它属于保护个人信息的普通法，其他法规、法律有单独规定的，可依照其规定执行。此处的其他法律中不包含行政法、民法。

位于第三效力层次的法律主要是为保护个人信息制定的特殊的法律。第二效力层次的保护个人信息的法律通常只是为保护个人信息拟定的普通法，只规定了保护个人信息的基础要求，但是，有一些特别法对个人信息的保护是更高级、更特别的。依据特别法先于普通法的原则，需先适用特别法的规定。

（二）适用例外

适用保护个人信息相关法律的例外规定，多用于看似一个小问题，其实是一个事关重大的大问题的情况。个人信息保护法的适用例外，和具体规则的适用例外不同，它有可能造就一些摆脱个人信息保护法控制的“特权”行业或者部门，因此在立法过程中备受关注。应明确的是，只有一部分立法例规定了适用例外，而绝大部分立法例选择了对具体规则例外的制度设计。

1.“适用例外”的一般规则

诸多国家的立法并不对整部法律设置适用例外，而是设有具体规则适用例外。这样，例外的事项和单位仍然受到个人信息保护法宗旨和基本原则等要求的规范。

国际社会的立法例中，导致对整部法律的适用例外的主要事项包括：①国家安全以及相关事项（包括国家安全、国家主权、公共安全和公共政策）；②军事防御；③涉及刑事犯罪的情况；④一国重要的经济或金融利益（如反洗钱、预算和税收事务）；⑤学术研究；⑥以供个人和家庭为目的的使用；⑦个人的生命或者重大权利和自由。

2. 适用例外和规则例外的关系

个人信息保护法的适用例外和规则例外不能混淆。当某个机构拥有个人信息保护法的“适用例外”时，相当于掌握高过个人信息保护法的“特权”，它可以不受个人信息保护法约束而无所顾忌地处理个人信息；而具体规则例外则不同，它仅仅是赋予一个机构不遵守具体规则的特殊权力，但此机构在处理个人信息的过程中，依然要遵循个人信息保护相关法律制定的基本原则以及其余规则。

四、我国个人信息保护法的基本原则

为保护个人信息制定的相关法律就是规定人们在参与处理个体信息的活动中能做什么，不能做什么。它清楚规定了在信息处理活动中，处理者必须遵守的义务、个人享有的权利以及双方需要承担的法律责任。从信息主体的层面看，它属于保护个人享有个人信息等各种权利的法律；从处理者的层面看，它就是为处理者制定各种规范的法律。因此，保护个人信息的法律的根本原则就是信息处理者开展信息处理活动必须坚决遵循的基本原则。以上原则不但有助于构建科学的处理个人信息的相关法律机制，还能对保护个人信息的相关法律进行一定程度的补充和说明。

2021 年 8 月 20 日，在第十三届全国人大常委会第三十次会议上，参会人员一同审查、研究、评议，并最终公布了保护个人信息的法律《中华人民共和国个人信息保护法》（以下简称《个人信息保护法》），此法是我国在保护个人信息领域中第一次出台的专门用于保护个人信息的法律，此法在第一章的总则部分对保护个人信息的根本原则规定有六条（第五条到第十条），指出在处理个人信息活动过程中必须遵守以下基本原则：合法、正当、必要和诚信原则，目的限制原则，公开透明原则，质量原则，责任与安全原则等。下文将详细分析这几项原则的要求、功能、涵义等。

（一）合法、正当、必要和诚信原则

《个人信息保护法》中的第五条明确规定："处理个人信息应当遵循合法、正当、必要和诚信原则，不得通过误导、欺诈、胁迫等方式处理个人信息。"因此，处理信息必须遵循合法、正当、必要和诚信原则，其中的合法、正当、必要原则在《民法典》以及《网络安全法》中都有详细叙述，诚信原则则是根据《民法典》新增到《个人信息保护法》中的原则。

1.合法原则

合法原则指的是处理个人信息的个人或单位，对个人信息进行处理活动（包括信息搜集、保存、删除、公开、提供、运用、整合等行为）时，一定要遵守相关法律以及行政法规的详细规定，选择合法的行为，坚决不能违法。这样做的原因是，所有处理个人信息的活动，从客观角度来看都是扰乱或破坏自然人的个人信息权益的行为，所以信息处理活动必须要有正当的理由或相关法律依据，不然这种行为必然会侵害他人的权益，属于违法行为。此处"合法"的"法"字代表的法律极其宽泛，包含全国人大及其常委会拟定的法律、其他强制性标准、地方政府规章、部门规章、司法解释、地方性法规、行政法规等。《个人信息保护法》中对合法原则的明确规定有两条，分别是第五条和第十条。第五条属于正面规定，即处理个人信息必须遵循合法原则；第十条属于反面规定，即所有个人以及组织绝对不能使用违法的方式传输、加工、使用、搜集他人的个人信息，也不能非法公开、提供、买卖他人的个人信

息，更不能参与危害公共利益和国家安全的个人信息处理活动。对合法原则更具体的分析情况如下。

（1）处理信息的个人或单位进行个人信息处理的活动必须与行政法规、法律规定的情境吻合，这样的处理行为才是合法的。《个人信息保护法》中的第十三条对合法行为情境有详细列举，共有七种情况，例如，当必须履行法定义务或是法定职责时；当个人必须作为签订或履行合同中某一方的当事人时；当获得本人同意时。处理信息的行为必须和上述其中行为中的任意一种情境切合才合法，不然就属于违法行为。

（2）处理信息的个人或单位处理个人信息的方式和目的必须是合法的，换言之就是在追求自身合法权益时，坚决不可以损害其他自然人的人身自由、人身财产、人格尊严，更不能损害国家和社会公共利益。处理者在实施实际的某项处理活动时，一定要选用合法的方式，也就是选用符合比例原则的方式，保证处理个人信息活动时不违背相关行政法规以及法律的明确规定，实质就是处理者必须考虑处理个人信息的目的和方式、个人信息的类型、处理行为可能产生的安全危害以及对自然人权益的影响等，选择处理方式，并保证自己的处理活动不违背行政法规和法律的规定。

（3）不得参与违法的处理个人信息的活动。《网络安全法》第四十四条和《民法典》第一百一十一条第二句明确规定，所有个人或组织在需要应用他人的个人信息时，必须依法获取且保证信息安全，坚决不能选用违法的方式传输、加工、使用、搜集他人的个人信息，也不能违法买卖或是向他人提供以及公开某人的个人信息。对这种情况，《个人信息保护法》中第十条也有详细表述："任何组织、个人不得非法收集、使用、加工、传输他人个人信息，不得非法买卖、提供或者公开他人个人信息；不得从事危害国家安全、公共利益的个人信息处理活动。"

2. 正当原则

正当原则，指的是处理者处理个人信息的行为一定是正当的，处理者坚决不能选用欺骗手段或不告知信息主体真实情况等不正当的方式处理个人信息。

《个人信息保护法》中的第五条详细规定了处理个人信息时应当遵循正当原则，且处理者不得通过误导、欺诈、胁迫等方式处理个人信息，然而在实际生活中，很多App运营人员在搜集用户个人信息时使用欺诈、误导等不正当的方式，如在不合理的场景或是服务不必要的情况下，选用优惠、奖励、积分等方式误导或欺骗用户提供个人的相关信息，如生物特征、身份证号码等。一些 App 还选择用胁迫的方式达到自己搜集个人信息的目的，如当某人想在某网贷平台上申请贷款时，不单单要输入自己的个人信息，还被强制要求输入其亲属中某些人的个人信息，如手机号码、身份证号码等，不然就不放款；当用户未及时还款导致逾期，机构就会不停地打扰他的亲属。这种处理个人信息的行为就是违法行为，它违背了正当原则。信息处理者选择使用强迫、欺骗的方式在征得自然人同意后，再对其个人信息进行处理时，活动仍是违法的，而且在抗辩时不可以用自己已取得自然人同意这个理由提出辩驳。对这种情况，《最高人民法院关于审理使用人脸识别技术处理个人信息相关民事案件适用法律若干问题的规定》中的第四条详细地表述为："有下列情形之一，信息处理者以已征得自然人或者其监护人同意为由抗辩的，人民法院不予支持：（一）信息处理者要求自然人同意处理其人脸信息才提供产品或者服务的，但是处理人脸信息属于提供产品或者服务所必需的除外；（二）信息处理者以与其他授权捆绑等方式要求自然人同意处理其人脸信息的；（三）强迫或者变相强迫自然人同意处理其人脸信息的其他情形。"

3. 必要原则

必要原则指的是处理个人信息的活动是为达成个人信息处理目的所必须开展的活动，所有非必须活动都不能进行。该原则是比例原则在《个人信息保护法》中的体现。比例原则是一项至关重要的法律原则，它的适用领域包括私法领域和公法领域，比例原则有广义和狭义之分。狭义的比例原则对于一切行政领域和承担行政行为领域适用，而广义的比例原则是从法治国家原则拓展得出的，既约束立法，也约束行政，还适用于普遍性确定基本权利的分界点，换言之就是适用于判断束缚自由的公共利益和个人自由请求权的平衡点。比例原则在行政法领域体现为三个原则：第一，必要性原则，即行政机关想实行行政行为时，尤其是对行政相对人实行不利于他人权利的行为时，必须确定为达成对应的行政目的必须实施此行为时才能实施此行为；第二，适当性原则，即行政机关在权衡过相关利益的前提下实行行政行为，必须确定此行为是为达成对应行政目的选用的最恰当的且伤害利益小于实际收获利益的行为时，才能实行此行为；第三，最小损害原则，即行政机关实行行政行为时，一定要在对行政相对人实行的所有方案中选用伤害他人权益最小的方案。

我国在未颁布《个人信息保护法》前，《民法典》和《网络安全法》等法律对必要原则也有明确规定。不过这些法律都没有详细阐述必要原则的真实要求。在《个人信息保护法》中，对必要原则有明确规定，具体内容包括二个方面：第一，搜集个人信息的过程一定要遵循必要原则，意味着处理者在搜集个人信息时要在实现自己处理目的最小范围内进行，绝对不能过度，可参见第六条第二款；第二，当具备足够必要性时，才可以处理敏感的个人信息，不然不能处理，可参见第二十八条第二款；第三，如果相关的行政法规和法律并没有额外规定储存时间，那么处理者储存个人信息的时间必须和实现处理目的所花费的最短时间相等，可参见第十九条。

4.诚信原则

诚信原则，就是诚实信用原则。它不仅仅是公法领域的根本原则，也是私法领域的最高原则。诚信原则需要保持诚实的品质，坚守承诺。当事人必须真诚、真实，准确阐述有关信息，不用欺骗、欺诈手段伤害他人，要严格遵守承诺，讲求信用。

在我国的法律中，诚信原则是一项至关重要的原则，在《个人信息保护法》的第一章第五条有详细阐述："处理个人信息应当遵循合法、正当、必要和诚信原则。"这意味着处理者在处理个人信息的过程中，必须保持诚实的品格，坚守承诺，不对他人使用误导、欺诈、胁迫等方式实现自己处理个人信息的目的；哪怕征得信息提供人同意后，或者行为符合行政法规和法律规定的有关情境时，也要讲求诚信，严格遵守约定以及法律规定的方式来处理信息，绝对不进行一切违背处理方式和目的的处理活动。

（二）目的限制原则

1.目的限制原则的含义

目的限制原则，即目的拘束原则，它是个人信息保护法中最重要的基本原则之一，它在处理者处理个人信息活动的全过程中都发挥作用，不管是处理者或者是其他人，也不管处理活动的类型是怎样的，都要接受此原则的约束。因为目的拘束原则是保护数据的基础，是大部分其他基本要求的前提，所以，它被理论界称为个人信息保护法的"帝王条款"。

我国颁布的《民法典》《网络安全法》等法律并没有明确规定目的限

制原则，但规定人们要遵循必要、正当、合法的原则，必要原则体现了目的限制原则，因为是否必要的判断方式是依据处理个人信息的目的得出的。《个人信息保护法》中的第六条，第一次详细表述了目的限制原则的准确内容，“处理个人信息应当具有明确、合理的目的，并应当与处理目的直接相关，采取对个人权益影响最小的方式。收集个人信息，应当限于实现处理目的的最小范围，不得过度收集个人信息。”由此看出，这一原则富含三层含义：第一，目的是指定的，即处理个人信息必须具备合理、准确的目的；第二，有直接关系，处理个人信息的活动一定是和处理目的有直接关系的；第三，选用对个人权益影响程度最小的方式。

2. 目的限制原则的意义

为什么目的限制原则是个人信息保护法中最基本的原则之一，且占据至关重要的地位，主要有两方面原因。

一方面，目的限制原则对保护个人信息权益有极大帮助。处理个人信息一般有两种方式：一种是自然人同意后再处理；另一种就是根据行政法规和法律的规定处理。选用第一种方式，处理者必须提前告知自然人，其个人信息即将被处理，且要征得他的同意才可以开始处理行为。如果处理者不能准确告知处理的目的，而是选择笼统、模糊的说辞，那么自然人必然不会自觉、真实同意。换言之，即使处理者征得自然人同意，也无权处理他人的信息；当处理者获得同意后，开始处理个人信息活动时，也不能违背经自然人同意的处理方式和目的，如果违背，那就是属自然人不同意的范畴，是违法的，属于侵害他人个人信息权益行为。选用第二种方式，无须征得自然人同意就可处理个人信息。处理者之所以获得行政法规和法律赋予的这种特权，是因为他们是为了正当目的，即为了保护层级更高的利益，如履行法定义务和责任，维护自然人的生命财产安全，维护国家或社会公共利益等。所以，处理个人信息同样需要遵循目的限制原则，不能超出处理目的的范畴，不然，处理个人信息的活动就是违法的，属于侵害个人信息权益的行为。另外，当处理者不将精准的目的告知自然人，也可能导致自然人不能就处理者违法行为做针对性申诉，如果是无法实现处理目的、已经实现处理目的、不需要相关信息也能达成处理目的情境，处理者必须清除个人信息。对不执行删除行为的，自然人可以要求处理者删除，可参见《个人信息保护法》第四十七条第一款第一项。显而易见，目的限制原则是保护个人权益不可或缺的原则。

另一方面，目的限制原则能有效调节经济发展、科技创新和保护个人权益之间的关系。它要求处理者在开展处理活动前就清楚处理个人信息的目的，即处理个人信息必须具备合理的、清楚的目的，这会让处理者根据此目的分析了解要执行的处理个人信息的活动，可能对他人权益产生何种风险和影响，且清楚须在处理目的的范围内处理个人信息。因此，因处理个人信息产生的风险不仅可以被提前发现，还被约束在处理目的的范围内。目的同一性要求在后续处理活动中不可以增大风险程度或是出现和原本风险特性不一致的风险。在这种情况下，目的限制原则不但保护了个人权益，而且保护了处理者的决定权和知情权，为处理者提供了充足的空间，保证他们可以依据真实情况的特殊性，选择在保持原本处理目的的前提下，寻找其他更好的解决方案或者直接更改原本的处理目的，并再次获得自然人的同意。因此，目的限制原则为处理者提供了清晰的、客观上的法律标准，保证它可以及时对处理活动产生的所有风险进行判断，对数字经济发展和科技创新有很大帮助。

3. 目的限制原则的要求

（1）明确、合理的目的。《个人信息保护法》第六条明确规定，处理个人信息应当具备明确、合理的目的，换言之，在处理个人信息前就必须具备明确、合理的处理目的。这代表两层含义：第一，个人信息处理者必须选用合理、明确的语言将处理目的表达给自然人，即表达处理目的不能选用模糊、隐匿、秘密的语言，应选用精炼、清楚的语言；第二，精准的目的代表处理者处理目的的范围是被限制的，而不是毫无约束的。如果表达目的选用清楚的语言，但表述处理目的的范围极其宽泛，那么此目的也不是准确的。例如，某网络企业在通知被搜集信息的自然人时这样说："本公司对于搜集到的个人信息有合法使用权，只要它的使用途径是合法的，那么无论是什么业务，我公司都能随便使用。"此说法显然将处理目的隐藏在话术中，不是清晰、精准的表述。处理个人信息活动往往会对自然人的权益造成危害，危害程度越深，对处理目的的合理性和明确性要求就越高。比如，《个人信息保护法》中第二十八条第二款清楚写着："只有在具有特定的目的和充分的必要性，并采取严格保护措施的情形下，个人信息处理者方可处理敏感个人信息。"

处理个人信息的目的不单单须是明确的，且一定是合理的。想要达成合理的目的，最重要的就是应用合法的目的。如果处理个人信息，提前告知自然人并获得他同意或者是为了履行法定的职责，此处理活动就具备合法的目的。所以，如果处理者处理个人信息的状况和《个人信息保护法》第十三条第一款规定的情形是一致的，那么处理的目的就是合法的。但合法性只是对处理目的最基本的要求，所有合法的目的并不全都是合理的日的。如何判断处理日的是合理的或是不合理的，必须是在仔细分析个案真实元素的前提下，分析信息主体以及处理者等各方拥有的自由和利益，完美达成保护自然人的个人信息利益以及合理运用个人信息获得相关利益之间和谐、均衡的目的。另外，个人信息处理目的的合理性会随着时间的流逝逐渐变化，这种变化是由文化、社会态度的变化以及科学技术的发展一同决定的。

（2）个人信息处理活动必须与处理目的直接相关。目的限制原则要求处理者必须依据处理目的对个人信息开展处理活动，禁止参与违背处理目的的处理活动。《个人信息保护法》中的第六条有详细表述："处理个人信息应当具有明确、合理的目的，并应当与处理目的直接相关。"在整个处理活动中，处理目的的地位是至关重要的，它可以确定存储个人信息的时间是不是最短时间，个人信息处理者搜集到的信息是否为必要信息以及搜集信息的范围是不是最小范围等，判断以上内容的依据都是处理目的。将处理个人信息的活动限制在和处理目的存在必然联系的范畴里，对保护个人信息的基本权益有很大作用。《个人信息保护法》第十七、十八条中有详细表述，不管处理个人信息是否需要自然人同意，从原则上讲处理者都必须在处理个人信息之前将处理方式和目的告知自然人，除非不需要告知自然人或者属于行政法规和法律规定。所以，自然人在知晓处理个人信息的目的后，可以预先思考处理个人信息活动可能产生的危害，而处理者也能根据此种情况掌控处理活动中的危害并提前布置。如果开展处理活动超越处理目的范围，不管是对自然人来讲，还是对处理者来讲，处理活动可能产生无法预测的风险。

至于怎样判断开展的处理活动和处理目的是直接相关的，首先要清楚《个人信息保护法》中第六条中"处理目的"的含义，它指的是个人信息处理者在处理个人信息之前，将自己的处理目的适用的法律规定的方式公示给自然人。比如，A 公司在搜集个人信息之前，就将自己的处理目的以符合处理规则的方式公示给自然人。"直接相关"代表处理者是在自己处理目的范围之内进行一连串处理个人信息的行为，两者拥有必然联系。例如，A 公司在自己的网上商城售卖新鲜牛奶，张三想喝，向其订购。双方约定 A 公司每周都要向张三家送一箱牛奶，此行为需要张三提供相应的个人信息，如联系方式、家庭住址、银行账号等。此后，A公司对于张三提交的个人信息需每周处理一次，这些信息和“卖给张三一箱牛奶并配送”这个最初的处理目的有必然联系。如果A公司以广告形式借用上述个人信息为张三推送其余牌子的牛奶或者相关奶制品时，这个处理活动显然和最初的处理目的没有必然联系。判断两者是否有必然联系，必须遵守极其严苛的标准，简单讲就是观察处理者在后续执行处理活动过程中的目的和公示给自然人的处理目的是否有从属关系，或者没有从属关系但大多数人都了解活动和目的之间存在紧密联系。

（3）采取对个人权益影响最小的方式。“个人权益”指的是处理者在处理个人信息活动时可能对自然人产生一定影响的各种权利，不仅包含宪法规定的自然人具备的人身自由和人格尊严等基本权利、《民法典》规定的自然人具备的人身财产权等，还包含《中华人民共和国老年人权益保障法》《中华人民共和国残疾人保障法》《中华人民共和国妇女权益保障法》《中华人民共和国未成年人保护法》《中华人民共和国消费者权益保护法》等法律规定的特殊群体的自然人具备的权利。处理者在处理个人信息的活动过程中，很容易产生侵害个人权利的行为。单从个人信息处理者的角度讲，在可选用多种处理方式时，应尽可能地在其中选择既可以达成自己的处理目的，又对自然人自身权利影响最小的方式，这种行为也符合比例原则中“最小损害原则”的相关规定。换句话讲，处理者应尽量缩减运用个人信息的次数以及处理个人信息的次数，防止侵害他人信息权益。

4.个人信息最小化原则

《个人信息保护法》中第六条有规定：“收集个人信息，应当限于实现处理目的的最小范围，不得过度收集个人信息。”此条款是为收集个人信息专门制定的规则，一般被称为数据最小化原则或是个人信息最小化原则，此原则是搜集个人信息过程中的必要原则和目的限制原则最具体的表现。一方面，搜集个人信息应遵循必要原则，搜集不必要的个人信息可能会侵害他人权益，可能会增加个人信息的泄露风险，对处理者也不算好事；另一方面，判断信息是否有必要从是否能完整达成处理目的的角度分析，当搜集的个人信息足够达成处理目的时，不应再继续采集信息。所有超出处理目的范围的信息，都是非必要的个人信息。过度搜集个人信息是违法处理个人信息行为的源头，并且还会增加信息泄露以及违法买卖的风险。因此，在《个人信息保护法》第六条中明确规定搜集个人信息必须遵循个人信息最小化原则，严令禁止过度搜集个人信息。

收集个人信息局限在能达成处理目的的最小范围内，指的是如果缺乏部分个人信息，处理者就无法达成最核心、最主要的处理目的，甚至根本无法达成处理目的。比如，某App运营者为了向用户售卖某些书籍，必须要掌握用户的联系电话、通信地址、用户姓名等个人信息，这些个人信息就是运营者想要达成售卖书籍这一处理目的必须掌握的信息。比如，《常见类型移动互联网应用程序必要个人信息范围规定》中的第三条有详细表述：“本规定所称必要个人信息，是指保障App基本功能服务正常运行所必需的个人信息，缺少该信息App即无法实现基本功能服务。具体是指消费侧用户个人信息，不包括服务供给侧用户个人信息。”此规定的第五条详细列举了39种最普遍的App基本功能以及完美达成功能服务目的必需的个人信息范畴。比如，定位和导航是地图导航类App最基本的功能服务，它必需的个人信息包含行程出发地、个人位置信息。网络预约车类App最基本的功能服务是网络预约出租汽车服务、巡游出租汽车电召服务，必要的个人信息包括：①注册用户移动电话号码；②乘车人出发地、到达地、位置信息、行踪轨迹；③支付时间、支付金额、支付渠道等支付信息（网络预约出租汽车服务）。即时通信类App最基本的功能服务是为用户提供网络即时通信服务，内容包含视频、语音、图片、文字等，它必需的个人信息包含：用户注册时所用的电话号码；用户对应的账号信息，如即时通信联络人的账户列表、账号本身信息等。

（三）公开透明原则

1. 公开透明原则的意义

《个人信息保护法》中的公开透明原则也是一项不可或缺的原则。《个人信息保护法》第七条有详细表述："处理个人信息应当遵循公开、透明原则，公开个人信息处理规则，明示处理的目的、方式和范围。"公开透明原则指的是处理个人信息的个人或单位应选用透明、公开的方式处理用户的个人信息，并将处理个人信息的相关规则告知信息主体，如个人信息的处理范围、处理方式、处理目的。设立这项原则的目的是由于自然人对自身的个人信息具有决定权和知情权（详见《个人信息保护法》第四十四条）。当处理者在处理个人信息时选择摒弃透明、公开的方式，采用暗箱操作或保密的方式，自然会损害自然人具有的决定权和知情权，会侵犯自然人的有关权益，那么此处理行为就是违法行为。

2. 公开透明原则的要求

单从自然人作为信息主体的角度分析，公开透明原则赋予了自然人拥有对自身信息的知情权，因此，自然人也获得了向处理者复制、查阅自身个人信息的权利，我国《个人信息保护法》第四十四条和第四十五条对此有详细规定。公开透明原则要求个人信息处理者必须履行下列义务。

第一，处理者在处理个人信息时，必须提前通知自然人信息处理的有关事项，且要用尽可能通俗易懂的措辞，保证自然人在足够清楚的基础上，做出准确的、自觉的同意，行政法规和法律有明文规定不需要告知或是必须保密的情况除外。《个人信息保护法》第十四条第一款第一句有详细表述：“基于个人同意处理个人信息的，该同意应当由个人在充分知情的前提下自愿、明确作出。”此法第十七条还规定：“个人信息处理者在处理个人信息前，应当以显著方式、清晰易懂的语言真实、准确、完整地向个人告知下列事项：（一）个人信息处理者的名称或者姓名和联系方式；（二）个人信息的处理目的、处理方式，处理的个人信息种类、保存期限；（三）个人行使本法规定权利的方式和程序；（四）法律、行政法规规定应当告知的其他事项。前款规定事项发生变更的，应当将变更部分告知个人。个人信息处理者通过制定个人信息处理规则的方式告知第一款规定事项的，处理规则应当公开，并且便于查阅和保存。”这两条规定都是根据公开透明原则的要求作出的。另外，如果个人不能完全理解或处理规则时，根据《个人信息保护法》第四十八条，个人有权要求处理者详细阐述处理规则的内容。

第二，处理者因宣告破产、散伙、分立、合并等原因，需要将搜集的个人信息进行迁移或者将其转送给其他处理者时，必须将接收方的名称（姓名）、处理方式、处理目的、联系方式、信息类型等一一告知自然人。《个人信息保护法》中第二十二条和二十三条对此有十分详细的规定。

第三，当处理者将个人信息应用到自动化决策时，必须确保决策的结果是公正的、公平的，这个过程是透明的。当处理者借用自动化决策决定与自然人的个人权益有重大关联的内容时，自然人可要求处理者对此过程进行详细的解释，且有权拒绝此项决定只能由处理者使用自动化决策做决定，具体内容见《个人信息保护法》第二十四条。

第四，根据《个人信息保护法》第二十六条，将识别个人身份、采集个人图像的设施放置在公共场所时，必须是为保证公共安全必须装载的设备，且必须遵循国家的相关规定，设立明显的指示标识，进而确保自然人享有自身信息的知情权。

第五，处理者在处理极为敏感的个人信息时，不但要告知自然人《个人信息保护法》中第十七条第一款的具体内容，还要将处理敏感个人信息对其自身权益的影响以及必要性告知自然人。对可能会发生或已经发生的个人信息暴露、修改、遗失等行为，处理者在选用某些方法后仍然无法有效阻止因个人信息暴露、修改、遗失等行为产生的风险时，处理者必须将此信息同时告知自然人以及保护个人信息的相关部门。虽然处理者提前用某些手段能够预防信息暴露、修改、遗失等行为产生的风险，但如果负责保护个人信息的有关部门觉得它们可能会侵害到自然人的个人权益时，有权要求处理者将此行为告知自然人，详见《个人信息保护法》第五十七条。

（四）质量原则

1.质量原则的含义

质量原则，也可被称为准确性原则或是数据质量原则。它指的是处理个人信息的单位或个人必须确保自身处理个人信息的质量更高，防止因个人信息的不完整或不准确侵害到他人权益。之所以制定这个原则是因为在处理个人信息过程中，如果被处理的个人信息是不完整、不准确的，对信息主体而言，其个人权益很容易受到影响甚至损害。自然人的某种特性或状态可通过个人信息在某些地方重建，而重建此种特性或状态的过程会产生相应的法律效用。因此，数据或信息一定要是准确的、完整的。比如，当征信机构搜集到的个人信息存在一定遗漏或错误或不精确时，很容易导致使用这些信息的单位和个人拒绝和信息主体交易或者对其不予放贷。再比如，政府部门在对某个提交的相关事项进行审批或行政许可时，发现提交的个人信息并不完整，也不准确，该事项很可能不会获得审批和许可。因此，处理个人信息活动必须遵守质量原则，它是个人信息保护法或者各数据保护法中的一项重要原则。

在公布《个人信息保护法》之前，我国制定的相关法规和法律对处理者处理信息的过程也有详细的要求。信息必须准确，一旦存在疏漏或错误，应马上采取应对措施。《民法典》第一千零三十七条第一款有详细表述："自然人可以依法向信息处理者查阅或者复制其个人信息；发现信息有错误的，有权提出异议并要求及时采取更正等必要措施。"《征信业管理条例》第二十三条第一款也有详细表述："征信机构应当采取合理措施，保障其提供信息的准确性。"第二十五条第一款规定："信息主体认为征信机构采集、保存、提供的信息存在错误、遗漏的，有权向征信机构或者信息提供者提出异议，要求更正。"《个人信息保护法》第八条对质量原则做出正面回应，规定："处理个人信息应当保证个人信息的质量，避免因个人信息不准确、不完整对个人权益造成不利影响。"

2. 质量原则的要求

在处理个人信息的活动中，质量原则对处理者也提出了相应的要求，如处理者必须主动选择多种组织方式和技术手段来核查自己已处理过的信息的质量，保证其完整性、准确性，进而在最大范围内降低错误的风险，防止因个人信息的不完整、不准确影响到自然人的个人权益。比如，《征信业管理条例》第十六条有详细表述："征信机构对个人不良信息的保存期限，自不良行为或者事件终止之日起为 5 年；超过 5 年的，应当予以删除。"所以，征信机构担任信息处理者身份时，必须保证及时删除所有满5年时间的个人不良信息，进而保证信息是精准的。再如，如果处理者在处理过程中发觉用户个人信息由于时移俗易出现不完整或不准确，但是无法补充或更正时，必须停止处理此个人信息。对信息主体讲，质量原则表明如果自然人发觉自己被处理的个人信息并不完整或准确时，他有权要求处理者进行相应的补充和更正，对此，《个人信息保护法》的第四十六条赋予个人补充更正权。

那么，当处理者因处理不完整、不准确的个人信息侵害了自然人的合法权益时，处理者是否需要承担相应赔偿责任？质量原则并不代表处理者必须承担个人信息完整性和准确性的担保责任，当自然人个人权益因自身信息不完整或不准确受到侵害时，处理者需承担民事责任以及相应的侵权和赔偿责任，《个人信息保护法》第六十九条第一款明确规定了过错推定责任。因此，如果个人信息的不完整或是不准确并不是由处理者的失误引发的，而是由于客观情况产生某些变化导致的，处理者也能表明自己是无过错方，可不承担赔偿责任。但是，当自然人向处理者明确指出个人信息有明显的疏漏和错误时，处理者却不理睬，不补充也不修正，那么处理者一定是有责任的。再如，由于处理者选择的技术手段不完整，致使个人信息被某些人篡改导致发生错误时，处理者也存在很明显的过失。上述情形中，自然人的个人权益受到侵害的，处理者必须承担赔偿责任。

（五）责任与安全原则

1.责任原则的意义

处理个人信息活动必须遵守责任原则，换言之，处理个人信息活动可选择问责制，在整个处理活动中，责任主体就是处理者，它为整个处理活动负责。一方面，处理者对个人信息以及信息的处理活动有决定权，它对整个处理活动有绝对的控制权，根据控制论理论，它必须为整个处理活动负责。另一方面，根据报偿原则，利益和风险是相对应且共存的，存在利益的地方肯定存在一定的风险。当某项法律准许一个人为了自身的利益或是经济上的需求采取创办企业、雇佣职员、运用物件等具备一定风险的手段，那么这个人不但可获得此行为带来的收益，还要承担此行为带来的风险，为侵害他人权益承担付出足够赔偿的责任，即获利者承担损失。[①]处理者参与处理活动是为了收获自己的利益，因此也必须为此承担相应责任。

2.责任原则的要求

首先，《个人信息保护法》第九条对责任原则有详细的表述："个人信息处理者应当对其个人信息处理活动负责，并采取必要措施保障所处理的个人信息的安全。"处理者必须充分考虑处理活动的处理范围、处理方式、处理目的以及此活动对自然人的个人权益产生的危害，并选择合适的方法保证依法进行处理活动，绝对不违反法律法规的有关规定。按照《个人信息保护法》中第五十一条的规定，处理者必须依据个人信息存在的安全风险对个人权益的影响、个人信息的类型及处理目的、处理方式等，选择对应的手段保证自己处理个人信息的活动完全符合行政法规和法律的相关规定，并避免出现丢失、篡改、泄露个人信息和未经授权就访问的行为。

其次，处理者需要依据法律规定任命保护个人信息的负责人，让其全面监督个人信息处理活动和选择保护手段等。根据《个人信息保护法》第五十二条第一款规定："处理个人信息达到国家网信部门规定数量的个人信息处理者应当指定个人信息保护负责人，负责对个人信息处理活动

① 巴尔.欧洲比较侵权行为法：上卷[M].张新宝，译.北京：法律出版社，2004.

以及采取的保护措施等进行监督。”

再次，处理者应每隔一段时间进行一次合规审计。根据《个人信息保护法》第五十四条规定：“个人信息处理者应当定期对其处理个人信息遵守法律、行政法规的情况进行合规审计。”

最后，责任原则强调如果处理者在处理个人信息活动中存在违法行为，其必须承担民事责任和行政责任，严重的还会承担刑事责任。《个人信息保护法》第六十六条规定：“违反本法规定处理个人信息，或者处理个人信息未履行本法规定的个人信息保护义务的，由履行个人信息保护职责的部门责令改正，给予警告，没收违法所得，对违法处理个人信息的应用程序，责令暂停或者终止提供服务；拒不改正的，并处一百万元以下罚款；对直接负责的主管人员和其他直接责任人员处一万元以上十万元以下罚款。有前款规定的违法行为，情节严重的，由省级以上履行个人信息保护职责的部门责令改正，没收违法所得，并处五千万元以下或者上一年度营业额百分之五以下罚款，并可以责令暂停相关业务或者停业整顿、通报有关主管部门吊销相关业务许可或者吊销营业执照；对直接负责的主管人员和其他直接责任人员处十万元以上一百万元以下罚款，并可以决定禁止其在一定期限内担任相关企业的董事、监事、高级管理人员和个人信息保护负责人。”《个人信息保护法》第六十九条有详细表述，“处理个人信息侵害个人信息权益造成损害，个人信息处理者不能证明自己没有过错的，应当承担损害赔偿等侵权责任”，这也符合责任原则。

3. 安全原则

处理个人信息活动中的安全原则，也可称为保密原则，就是个人信息处理者必须选择必要的手段保证自己处理个人信息过程中信息的安全，避免出现个人信息泄露以及被删除、篡改、盗窃的情况。保护个人信息的原因就是个人信息是有针对性的，它特指某个自然人，如果此信息被违法处理，出现个人信息泄露以及被删除、篡改、盗窃的情况，会导致特定自然人的人身财产权益以及人格尊严等受到侵害，因此，在处理个人信息过程中，务必保证信息的安全，避免出现未经授权就违法处理个人信息的情况，以及个人信息出现意外丢失、损坏的情况。

《个人信息保护法》第九条内容认为安全原则是保证个人信息安全的关键原则，是处理个人信息活动必须遵循的基本原则。第五十一条也对处理者保护个人信息安全，避免出现不经授权就实现访问以及个人信息暴露、修改、遗失等情况发生所必须选用的手段类型作了详细的规定，内容包括："（一）制定内部管理制度和操作规程；（二）对个人信息实行分类管理；（三）采取相应的加密、去标识化等安全技术措施；（四）合理确定个人信息处理的操作权限，并定期对从业人员进行安全教育和培训；（五）制定并组织实施个人信息安全事件应急预案；（六）法律、行政法规规定的其他措施。"另外，《个人信息保护法》第五十七条规定："发生或者可能发生个人信息泄露、篡改、丢失的，个人信息处理者应当立即采取补救措施，并通知履行个人信息保护职责的部门和个人。"以上条款都属于安全原则的具体体现。

第三节　信息安全法

一、信息安全的基本内涵

（一）信息安全的概念

信息安全是一个关系国家安全、社会稳定、经济发展和民族文化的继承和发扬的重要问题。信息安全指的是保证信息网络中系统、软件、硬件都能正常运行且其中包含的信息不会受到侵害的法律制度。从信息安全形态角度分析，信息安全包含两部分：信息存储安全和信息传输安全。信息存储安全属于信息的静态安全，信息传输安全则属于信息的动态安全。从内容角度分析，信息安全可分为四部分：信息网络中硬件的安全、软件的安全、系统的安全以及信息系统中存储信息的安全。从主体角度分析，信息安全包含四个层级：个人信息安全、企业信息安全、社会信息安全、国家信息安全。也就是说，从范围上讲，信息安全本身涵盖的范围极其宽泛，大到国家军事、政治等方面的信息安全，整个社会的安全，小到企业、商业秘密的安全，还可以具体到每个人行为信息安全等。

广义的信息安全可以分为技术层面的信息安全、技术规范层面的信息安全和法律层面的信息安全。技术层面的信息安全是指通过技术手段实现的技术安全，如加密、防毒和防火墙等技术措施的设置等；技术规范层面的信息安全指的是创建技术规范来保证信息安全，如计算机操作规则、计算机机房管理规则等；法律层面的信息安全是指通过法律制度保障的信息安全。法律层面的信息安全是以技术层面和技术规范层面的信息安全为基础的，但是它和前两者有明显的不同，技术层面的信息安全的实质是运用高新技术，而技术规范层面的信息安全的实质是建立技术规范，法律层面的信息安全就是进行信息安全立法。这里所谓的信息安全主要是指法律层面的信息安全。

（二）信息安全的特征

信息安全有以下三个基本特征。

第一，信息安全主要是指信息网络中运行的信息的安全。没有特别说明的情况下，一般不涉及非信息网络中的信息以及安全问题。

第二，信息安全包括两个方面：信息网络运行安全和信息本身的安全。信息网络运行安全包括信息网络的硬件、软件及系统的正常运作，目标是确保该信息网络免受恶意的和偶然的攻击从而被更改或破坏，确保信息系统可以持续地、可靠地、正常地运行，信息服务不中断；信息本身的安全主要是指信息网络中运行的信息不被泄露、篡改和拦截。

第三，信息安全是一项法律制度，而不是技术措施。信息安全是涉及计算机科学、网络技术、通信技术、密码技术、信息安全技术、应用数学、信息论等多种学科的一个综合性问题。保障网络信息安全，需要一个协同体系，包括计算机安全操作系统、各种安全协议、安全机制（电子签名、电子认证和信息加密等），其中任何一个安全漏洞便可以造成对全局安全的重大威胁。网络是一种由信息技术造就的信息传输渠道，因此，利用技术措施保障信息安全是最早的思路，至今被技术人士所倡导。然而，单单依靠技术措施的力量是不足的，因为有技术就有技术的攻破。比如，管理员可以依靠技术手段强制把违反规则的用户淘汰出局。然而，一些掌握网络技术的人员可以通过变换 IP 地址等各种手段扰乱管理员的管理。

因此，需要法律对网络实施干预。法律与技术相比，最大的区别就是它掺杂着人类的价值判断，弱的技术可以被强的技术攻破，但在法律的干预下，人们不可以选择用强的技术攻击弱的技术，违者应承担相应的法律责任。法律从明定是非和制止非法行为的角度，威慑犯罪分子，保护信息安全。

二、信息安全法概述

（一）信息安全法的概念

信息安全法是指维护信息安全，预防信息犯罪的刑事法律规范的总称。这是狭义上的信息安全法，广义上的信息安全法的范围应当包括网络信息安全应急保障关系、信息共享分析和预警关系、政府机构信息安全管理、通信运营机构的安全监管、ISP 的安全监管、ICP（含大型商业机构）的安全监管、家庭用户及商业企业用户的安全责任、网络与信息安全技术进出口监管、网络与信息安全标准和指南以及评估监管、网络与信息安全研究规划、网络与信息安全培训管理、网络与信息安全监控等方面。广义的信息安全法的调整对象涉及信息安全的方方面面，其优势在于对信息安全进行了全方位的观察和阐述，其弊端在法律领域内表现为“诸法的混合”，不能形成部门法。而狭义的信息安全法，仅指保障信息安全、惩治信息犯罪的刑事法律，相对而言，目的更为明确，法律结构更简单凝练，便于立法。

狭义信息安全法的含义包含以下几方面。

（1）信息安全法以维护信息安全为宗旨。这里的信息安全，为典型的非传统安全，包括国家信息安全、社会信息安全、企业信息安全和个人信息安全等内容。

（2）信息安全法以预防信息犯罪为目标。预防信息犯罪是信息安全法的基本目标。所谓信息犯罪是指针对信息系统的正常运行或者信息本身实施的犯罪行为。实际上，信息安全法的目标是针对信息系统的正常运行的犯罪行为，目的仍然是信息本身。

（3）信息安全法是刑事法律规范。信息安全法是刑法的一个新分支，属于传统的刑法范畴。

（二）信息安全法的调整对象

信息安全法的调整对象，是指国家在维护信息安全的过程中所产生的社会关系。信息安全法的调整对象不仅涵盖了维护信息产生过程中的安全所引发的社会关系，还包含了维护信息在传递、控制、利用过程中的安全而产生的社会关系。由此可见，信息安全法的调整对象涉及信息系统的整个运行过程。

信息安全法律关系是国家运用刑罚手段对计算机入侵、制作和传播计算机病毒等破坏性程序以及破坏计算机信息系统和程序、数据等危害网络安全的行为予以处罚，为确保信息的安全而形成的一种法律关系。

（三）信息安全法的性质

从法律性质上说，信息安全法是刑事法律，属于传统刑法的范畴。由于计算机信息系统应用（尤其是在国家要害部门应用）的普遍性和计算机处理的信息的重要性，破坏网络安全的行为具有严重的社会危害性。国际计算机专家认为，网络的普及程度、社会资产网络化的程度以及信息网络系统的社会作用的大小，决定了破坏网络安全行为的社会危害性的大小。网络的作用越大，普及程度越高，应用面越广，发生犯罪案件的概率就越高，潜在的社会危害性也就越大。破坏计算机系统功能的犯罪所造成的损失更是无法估量、无法弥补，特别是被窃取的军事机密对整个社会所造成的损害和威胁，更是难以用金钱衡量。

根据刑法学的一般原理，犯罪是一种严重危害社会、应受刑法惩罚的行为。而计算机入侵、制作和传播计算机病毒等威胁信息安全的行为，与传统犯罪相比，信息犯罪所涉及的财产数额更大，因而其社会危害性更加明显。一次计算机犯罪往往给社会造成巨额损失。信息安全法是预防信息犯罪的法律，属于刑法范畴。

（四）信息安全法的特征

信息安全立法的目的是维护网络空间的正常秩序，保障信息网络的安全，维护当事人的合法权益。网络的全球性、技术性、虚拟性等特征以及信息安全立法的目的决定了我国信息安全法的基本特征。

1.技术性

所谓信息安全法的技术性是指信息安全法是立足信息技术而构建的法律规范。从信息安全法的产生讲，信息安全法是从网络特点出发，遵循网络规律而制定的一个全新的部门法。计算机网络是当事人进行活动的技术平台，网络的特征决定了信息安全立法必须适应网络的特点、遵循网络规律。计算机网络构筑了一个与物理空间不同的网络世界。在因特网上，传统的地缘或政治上的国界已不复存在，“超越国界”只需敲击键盘或鼠标即可实现。网上行为需要明确的法律指引，只有出台国际社会认可的、明确的、共同的法律规则，才能为各方当事人提供明确的指引，网络才能发挥其全部的潜能。如果说传统的法律基于地域管辖还能够各自为政的话，那么信息网络的发展与应用已经将国与国、地区与地区之间的法律衔接推上更紧迫的日程。因此，我国在进行信息安全立法时，应适应网络的特点，在研究外国及国际立法的基础上，借鉴其先进、科学的法律制度，力求达到与国际标准统一，避免因法律制度的差异而阻碍网络的应用和发展。

2. 开放性

信息安全法的开放性是指信息安全法在具体的法律规范的设计上，表现出一定的宏观性。针对信息安全进行立法，对目前尚无法确定的问题，要尽可能在宏观上加以规范，这样可以保持信息安全法具有一定的开放性，给今后互联网的发展和活用均预留一定的空间，应立足信息技术构建法律规范。计算机与通信技术的发展方兴未艾，新的技术、信息处理方式和传输方式不断涌现。可以预见，随着信息网络的快速发展，新的犯罪形式会层出不穷。如果经常、不断地修订法律以适应信息安全的需要，必将牺牲法律的稳定性和连续性。保持法律的稳定性和连续性是法律权威性及严肃性的内在要求，朝令夕改或任意废止将有损法律的尊严。因此信息安全立法也必须根据目前的现实情况，并预测到未来发展的需要，坚持开放性的原则，应具有充分的前瞻性和预测性，保持适当的灵活性，否则便可能出现无法可依、让罪犯逍遥法外的被动局面。

宏观性和可操作性并不矛盾，对已经确定的情况，应构建便于操作的具体规范，从维护信息安全的角度出发，保护当事人的正当权益，构建的规范既要便于当事人起诉，也要便于司法机关办案。

3. 兼容性

信息安全法的兼容性是针对传统法而言的，是指信息安全法的制度创设与现有法律体系应协调一致的特性。计算机网络构筑了一个不同于以往的网络空间，在这个空间里，比特代替了原子。人们在这个空间里进行活动，必然形成新的社会关系。这些新的社会关系需要法律予以调整和规范，建立在物理空间中的法律显得无能为力，因而必须建立新的制度以适应网络活动的要求。但是，网络毕竟不是脱离物理空间存在的独立世界，网络只是现实世界的自然延伸和发展。就因特网来说，它是一个真实的物理结构。虽然网络在一定程度上改变了人们的行为方式，但并没有彻底改变现行法律赖以存在的基础。因此信息安全立法不能完全脱离现有法律另起炉灶，而应针对危害信息安全的新行为做出新规定，同时又要与现有的法律相协调，尤其是基本的法学理念和法律规范仍应予以继承，从而更好地保护当事人的合法权益。

（五）我国制定信息安全法的重要性

1. 有利于加强政府对社会的治理

伴随信息技术的发展，我国社会信息化程度越来越高，并且，我们的最终目标是走向信息社会。在这个急速信息化的过程中，电子政务、电子商务信息化计划深入推广，网络已经渗透到人们日常生活的方方面面，信息安全已经成为社会安全和社会秩序的新领域，受到政府的高度重视。先进的技术正在不断地保障着信息安全，诸如电子签名，防病毒、防垃圾邮件及公共安全平台等措施，为我们实施信息安全战略提供了技术上的保证。然而，风险是绝对的，安全是相对的。信息安全面临的挑战不仅有技术上的风险，还有制度上的风险。法律是最终的解决方案，制定信息安全法是政府治理社会的基本需要。

2. 有利于协调信息安全管理机关职责

涉及信息安全工作的国家机关包括公安部、安全部、国家保密局、国家商用密码管理办公室等，几乎所有的部委和行业主管部门都在根据自己的职责管理相关的部分。这个看似庞大的规模和队伍，需要统一和协调。制定信息安全法，明确管理机关的责权利，协调信息安全管理机关的职责是保障信息安全的重要内容。

3. 有利于规范网络行为

信息安全问题，实质是网络行为是否符合社会规范的问题。在信息网络上，黑客、病毒和垃圾邮件并称为“三大公害”，极大地影响了我国网络运行的正常秩序。这些犯罪行为往往会给社会经济和国家安全造成灾难性的后果。制定统一的信息安全法，维护网络运行秩序，可以震慑犯罪，净化网络空间，规范网络行为。

4. 有利于保护个人信息

信息安全法能够防止个人信息泄露，明确网络产品服务提供者、运营者的责任，严厉打击出售、贩卖个人信息的行为，对保护公众个人信息安全起到积极作用。例如，自 2017 年 6 月 1 日起施行的《中华人民共和国网络安全法》（以下简称《网络安全法》）做出专门规定：“网络产品、服务具有收集用户信息功能的，其提供者应当向用户明示并取得同意”“网络运营者不得泄露、篡改、毁损其收集的个人信息”“任何个人和组织不得窃取或者以其他非法方式获取个人信息，不得非法出售或非法向他人提供个人信息”。《网络安全法》针对层出不穷的新型网络诈骗犯罪还规定：“任何个人和组织应当对其使用网络的行为负责，不得设立用于实施诈骗，传授犯罪方法，制作或者销售违禁物品、管制物品等违法犯罪活动的网站、通讯群组，不得利用网络发布涉及实施诈骗，制作或者销售违禁物品、管制物品以及其他违法犯罪活动的信息。”《网络安全法》对“公民个人信息”进一步界定，并明确了非法获取、出售个人信息等情况的相应处罚措施。《网络安全法》对用户“知情同意”做出明确规定：“网络产品、服务具有收集用户信息功能的，其提供者应当向用户明示并取得同意。”

三、信息安全法的立法模式与宗旨

（一）信息安全法的立法模式

在信息安全的刑事立法方面，主要有以下两种模式。

第一，修法模式。修法模式是指不制定防范和制裁网络犯罪方面的专门法律，而是通过对传统的刑法进行修改，而实现保障信息安全的目的。加拿大1985年通过的刑法修正案，将非法使用计算机和损害信息的行为确定为犯罪。我国也采取此立法例。采取此种方案的立法例还有《荷兰电脑犯罪法》（该规定散见于荷兰刑法）、法国刑法等。

第二，单独立法模式。单独立法模式是指专门制定新的反信息犯罪法律，打击信息犯罪活动，保障信息安全的模式。单独立法模式又可以分为两种情形：统一立法模式和分散立法模式。统一立法模式是指在全国范围内制定统一的信息安全法的立法模式；分散立法模式是指不对信息安全进行统一立法，而是针对不同的信息安全领域进行分散立法的模式。

从欧美各国的立法实践看，在针对信息犯罪的立法方面，最初多采取修法模式，目前多采取单独立法模式。单独立法的实例也在增多，尤其是美国的州立法比较积极。一般情况下，多数国家采取修法和单独立法并用的模式。

修法模式虽然保持了法律体系的统一性、稳定性，但其缺陷也较为明显，突出表现为灵活性差、不能很好地适应形势的变化等。对现行法律的修订和增补不能彻底解决信息安全的所有问题，相反可能有碍于法制的统一性。零打碎敲地修改法律条文和规则容易导致各法律规定的相互矛盾。这种立法方式难以满足防范和制裁网络犯罪的需要，仅对现有法律进行局部修改和增补只能是权宜之计，因此不足取。由于信息犯罪尤其是网络环境中的信息犯罪与传统犯罪相比较，存在诸多独特之处，如应用程序、破坏性程序等计算机犯罪的专业术语等的解释，信息犯罪的管辖权、犯罪地的确定，信息犯罪证据的收集与使用等问题，因此有必要制定统一的信息安全法。

（二）信息安全立法的根本宗旨和目的

1. 信息安全立法的宗旨

信息安全立法的根本宗旨是通过消除信息安全和信息化发展之间的冲突，确保信息安全。从某种意义上讲，信息化的发展和信息安全是同时存在的一个悖论。我国部分地区在信息安全工作中的确存在着某些问题，如有的地方和单位简单地通过“不上网、不共享、不互联”来保障信息安全，或片面强调建专网，从而使有价值的信息不能上网，业务不能用网络来处理，影响和制约信息化发展。现代信息环境是趋于开放、互联和共享的，在此条件下，信息安全观念和信息安全工作不能再以封堵、隔离、被动防御为主，而应该代之以开放、发展、积极防御的方式。信息化发展越快，其安全问题所导致的负面影响就越大。但是，不能因噎废食，信息安全法要在信息安全和信息化发展之间取得平衡，在发展和前进中解决信息安全问题，以安全促发展，在发展中求安全。

2. 信息安全立法的目的

信息安全立法是通过规范行为人的有关行为，在兼顾效率与公平的前提下，协调和解决其中的矛盾和冲突，保障信息的安全，建立和维护信息社会的公共秩序。具体而言，信息安全立法的目的主要表现在以下几个方面。

（1）威慑信息犯罪，保障信息安全。立法的目的在于影响人们的行为，信息安全法的目的在于通过刑事法律的震慑力，预防信息犯罪，进而实现信息安全法的各项具体目标，从而营造一个较为安全的信息环境。

（2）保护信息主体的权利。这是信息安全法规范的核心内容。法律不但设定权利，而且保障这些权利的充分行使，并且在这些权利受到侵害时给予充分的救济。保护信息主体的应有权利十分重要，它是信息安全法最直接、最基础的目标。

（3）推动经济与社会的良性运行和协调发展。这是信息安全法的终极目标。信息安全法通过预防信息犯罪，保护信息安全，来保障经济与社会的良性运行和协调发展。

第四节　个人信息权的内容与义务主体责任

一、塑造数据可移植权利

个人信息权包括个人信息决定权、查询权、更正权、补充权、封锁权、删除权、保密权。而数据可移植权利是指当个人信息通过电子方式以结构化和常用的格式被处理时，信息主体有权从服务提供商处获得其个人信息的副本，获取信息副本的格式应能在与其相似的其他在线服务及应用中进一步使用。

首先，我们在丰富信息主体权利类型、塑造数据可移植权利的过程中，应看到，不论信息处理的法律依据是什么，信息主体都应能够获得通过电子方式以结构化和常用格式进行信息处理的个人信息副本，且该副本能在基地在线服务中进一步使用。数据的可移植权利应扩展到个人信息处理的所有情况，而不应仅针对信息主体的授权同意或双方间存在合同约定的情形。因为，当信息处理不是构建在同意或合同基础上时，这项权利的适用范围与作为信息自决工具能发挥的效用将是非常有限的。

其次，数据移植权应暗含着赋予主体将取得的副本在一个具有竞争关系的平台上使用的权利。欧委会的立法草案并没有赋予信息主体此项权利，它只是允许信息主体因自己使用的目的而取得其个人信息的副本。取得的副本能否在一个具有竞争关系的平台上使用，取决于保有信息主体个人信息的服务提供者的自由裁量。一个有意义的数据移植权应蕴含信息主体信息自决的权利。

再次，数据移植权的使用范围不应限于由信息主体主动积极提供的信息，做这样的限定将与普遍的信息采集、使用的现实情况相脱节。因为，现实中，大量信息的采集与使用都是在信息主体不知情的情况下进行的，更不必说信息主体的积极参与了。

最后，在塑造数据可移植权利的过程中，数据的可移植是一方面，信息主体能否真正有意义地离开又是问题的另一方面。即信息主体能否在取得副本后，删除服务提供者保存的与其相关的个人信息记录，这是一个问题，这将受制于被遗忘权与删除权在实践中面临的挑战。

数据的可移植性会促进竞争并增强网络服务系统间的协同性，在实施中可能面临诸多障碍。我们在塑造数据可移植权利的过程中，应考虑具体情境，恰当建构数据可移植权利并在时机恰当之时推出该项权利。

二、增设义务主体保护个人信息的义务

（一）个人信息保护默认设置状态的义务

在决定信息处理的方式与信息处理的过程中，信息控制者与信息处理者必须采取恰当的技术、组织措施与程序规则来确保信息的处理满足法律的要求并保护信息主体的权利。现有技术发展水平、国际最佳操作实践与信息处理过程中可能面对的风险都会成为判断信息控制者采取措施是否达到标准的评价考量因素。

数据信息的默认保护应包括从信息采集、处理到删除的整个生命周期，系统地专注准确性、保密性、完整性、物理安全性与个人信息删除方面全面的程序保障。个人信息的默认保护状态到底应必须具备哪些内容，还需结合技术发展、物质条件、社会环境等因素，进一步探索与明确。

（二）特定情况下开展信息保护影响性评定的义务

当信息处理的操作可能会给信息主体的权利与自由带来特定风险时，信息控制者或信息处理者需要进行信息保护的影响性评定，如当信息主体的权利被剥夺或者使用了特定新技术时，信息保护影响性评定的开展是希望限制并减少那些可能发生的违反信息保护规定的行为。欧盟新一轮的数据保护改革也将信息保护影响性评定纳入新的立法草案中，并列举在如下一些情形下义务主体需要进行信息保护的影响性评定：在处理敏感信息时；通过信息的自动化处理对信息主体行为图谱进行分析时；在公共区域使用大规模光学电子器件（视频监控）进行监控时；对儿童数据、基因数据或生物学数据进行大规模的采集与归档时；当新建的大

型归档系统将信息处理的目标定位于处理相当数量的地方性、国家性或超国家性的个人信息，并可能会影响到一个非常广泛的群体时，等等。

事实上，是否应展开信息保护的影响性评定，需要考虑信息处理可能产生的风险。信息保护影响性评定应包括对信息处理操作的说明；对可能给信息主体的权利与自由带来风险的评定；对采取确保降低风险、保护个人信息与遵守法律规定措施的说明；为了达到信息处理目的而进行的信息处理需要在必要性与比例的相称性上进行评定；需要指出信息删除的期限；需要对信息处理的背景进行评定。

三、明确义务主体对外承担责任的形态

（一）信息处理目的与方式的决定者

信息控制者决定着信息处理的目的与方式，信息处理者则代表着信息控制者的利益，执行数据信息的处理。欧盟《数据保护指令》对信息控制者与信息处理者进行这样的划分。信息控制者是承担数据处理义务并在违反义务时承担责任的一方。在信息控制者与信息处理者间，信息处理者的义务根据《数据保护指令》第十七条第三款的规定，是由信息控制者与信息处理者之间的合同来进行规制的，信息处理者只受合同相对方的约束。因此，信息主体对信息处理者并不享有此权利。释明信息控制者与处理者所扮演的角色，能务实地指导此种区分的适用性并评估对合同、法定安排与信息处理事实的影响。

（二）对外承担连带责任的情形

现阶段，谁应为信息的处理承担责任存在争议。主流的观点是，谁在实质上享有信息处理的控制权，谁就应该为信息的处理承担责任。还

有观点认为，保护数据安全和隐私的责任应该落在最先收集信息的机构身上。①

虽然，信息控制者在信息处理过程中承担的所有法定义务，信息处理者都应当遵循，但在责任承担上，需要对信息控制者与处理者承担的对外责任进行区分，并认识到多数、共同的信息控制者存在的可能性。联合的信息控制者，它们共同决定着信息处理的目的、方法，它们之间可以通过协议的安排，明确各自应当承担的责任。如果信息处理者处理信息超越了信息控制者授权指示范围，成为信息处理目的与方式的决定方，则信息处理者将转变成为共同的信息控制者。

当然，对信息控制者与处理者在信息处理过程中，谁在实质上享有信息处理控制权的逐案评价，是比较繁复的。在无缝的网络世界里，即使是大型的组织机构，要想确定个人信息所处的空间与管理者也比较困难。个人若没有相关的专业知识或获取相关信息的渠道，将更难弄清上述情况。我们应尝试解决此问题，当多个信息控制者共同决定了信息处理的目的与方式时，他们可以在遵守法律规定的背景下，分配各自应承担的义务与责任。这样的安排需要恰当地反映它们各自所扮演的角色及它们各自与信息主体间的关系。如果对责任的区分是不明确的，信息控制者与信息处理者应共同对外承担连带责任。

① 马泽尔，日萨米尼，拉提天．云计算安全与隐私：企业风险处理之道[M]．刘戈舟，杨军明，刘宝旭，译．北京：机械工业出版社，2011：148.

第五章　基于风险规制的个人信息保护

第一节　个人信息安全的风险规制手段

风险规制最初是指政府干预市场行为来控制潜在的不利后果，它由三个要素组成：标准设置、信息收集和行为修正。风险分析/评估的目的是设置安全标准，这些安全标准需要根据足够的信息而确定，通过它们触发风险控制和缓解措施。

简而言之，风险规制可以被描述为一种用于决策的工具，其目的在于通过创建标准控制未来不确定的事件，使它们变得确定并可控制。风险规制强调风险知识与风险控制之间的联系。也就是说，风险规制包含两层含义，一是风险规制由知识收集和风险控制两方面组成。风险规制是预防风险和采取事前措施。对风险知识的理解在风险管理活动中发挥核心作用。二是风险知识和风险控制是共存关系。风险知识是风险控制的必要条件。这就是为什么数据保护领域若干风险缓解措施包括了收集知识，如英国的数据处理登记和瑞典的数据处理许可。

同时，风险规制的实施，一方面取决于规制者对该风险的政治策略乃至政治战略衡量，而另一方面，则又取决于规制者对风险的预防和管理进行成本效益分析。按照凯斯·桑斯坦的说法："某种风险是否重大，这在很大程度上取决于排除该风险所需的成本。如果规制成本很小的话，一种相对微小的风险有可能要求规制；如果规制成本巨大，那即使风险是巨大的，可能最好的办法也是对其不加以规制。一种合力的规制体系并不孤立地考虑风险的大小，而是将风险与排除风险的成本比较进行考虑。”①

如果将风险规制视为一种不确定性的决策工具，那么其核心即风险分析，包括了预测未来（一般通过统计和概率实现）以及在此基础上做出决策两个步骤。可以说，任何与风险有关的决策都涉及两个截然不同又不可分割的要素，即客观事实和主观观点。风险分析涉及的预测和评估，是一种需要具体实施方法的抽象技术。概括来说，风险分析是指应对风险的一系列相关活动，包括如何识别和评估风险，以及如何监控、评估和应对风险的社会干预。

风险分析包括两个步骤：风险评估和风险管理（图 5-1）。风险评估衡量风险水平（通常根据可能性和严重程度），而风险管理的重点是决定是否承担该风险。风险管理的决策通常伴随着旨在降低风险水平的措施。比如，风险水平过高时，可以采取措施将其降低到可接受的水平。这些措施被称为风险降低、风险控制、风险响应或者风险缓解措施。其核心问题是强调“什么样的行动对风险结果有什么样的影响”。也就是说，针对每个具体的、场景化的风险，风险分析必须决定什么是最有效的风险缓解措施。

① 程岩．规制国家的法理学构建：评桑斯坦的《权利革命之后：重塑规制国》[J]. 清华法学，2010，4(2)：145-159.

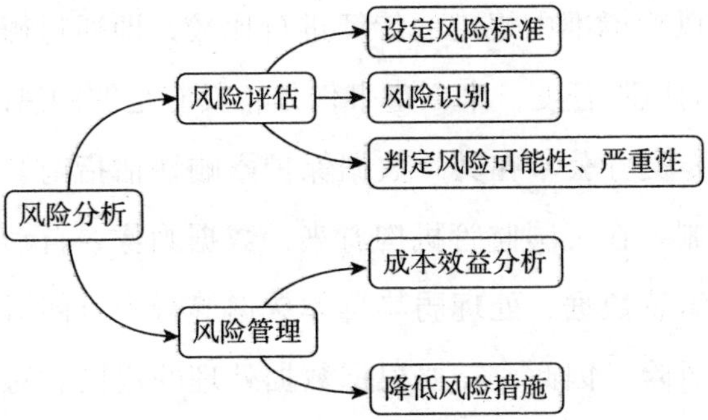

图 5-1 风险分析的实施步骤

欧盟根据数据保护的监管思路提出了基于风险的数据保护方法。欧盟的立法者希望通过风险分析工具来应对大数据环境下数据处理实践中面临的困境。大数据、人工智能等以数据为驱动的新兴产业与传统数据保护原则，如数据最小化原则、目的限制原则等存在天然的冲突。《通用数据保护条例》要求数据控制者使用风险分析工具，以弥补传统的数据保护原则难以适应大数据时代的数据处理需求的缺陷。风险分析的方法是评估每个数据处理操作的利弊，并在此基础上管理风险，即决定是否进行相应的数据处理。

一、个人信息处理的风险评估

个人信息处理的风险评估的目标是判断是否存在风险，即所涉及的个人信息处理行为是否足以被视为风险。风险评估包含两个子步骤：制定风险标准和识别风险。制定风险标准要考虑危害类型，确定风险等级。识别风险是根据标准确定某项个人信息处理行为是否具有风险，也就是发现、识别和描述风险的过程。只有在将事件视为风险事件时，才会根据风险评估的目标，对风险存在的可能性进行评估。因此，通过将事件的特征与风险标准中规定的特征进行比较，即通过衡量其风险程度与风险标准中的风险程度，来判定事件是否具有足够的风险。

英国信息专员办公室在其《数据保护影响评估指南》中构建了完整的数据评估机制。在英国监管机构看来，数据画像、自动化决策、系统性监控、处理敏感数据、处理弱势群体数据等行为可能对个人隐私和个人自决权造成风险。因此，需要根据数据处理的规模、对个人权益的影响程度、涉及的对象等区分风险的高低。通过识别风险的可能性和严重程度，将个人数据处理行为分为“考虑进行数据保护影响评估”和“必须进行数据保护影响评估”两类行为。

第一类是考虑是否需要进行数据保护影响评估的行为，包括评价或打分；具有重大影响的自动化决策；系统性监控；处理敏感数据或高度个人化的数据；大规模个人数据处理；处理弱势群体的个人数据；应用创新的技术和组织解决方案；涉及阻止数据主体行使权利或使用服务的数据处理；等等。

第二类是必须进行数据保护影响评估的行为，包括使用系统性、广泛的数据画像或自动化决策做出有关个人的重大决策；大规模处理特殊种类的数据或刑事犯罪数据；大规模、系统性地监控公共场所；与欧洲指南中的任意标准相结合使用创新技术；使用数据画像、自动决策或特定种类数据，帮助决定某人能否获得某项服务、机会或利益；与《数据保护影响评估指南》中的任意标准相结合处理生物特征或基因数据；合并、比较或匹配多个来源的数据；与欧洲指南中的任意标准相结合，在不向个人提供隐私通知的情况下处理个人数据；与欧洲指南中的任意标准相结合，使用包括追踪个人在线或离线的位置或行为的方式处理个人数据；处理儿童个人数据，以便进行数据画像或自动决策，用于营销或直接向他们提供在线服务；处理那些如果发生数据泄露可能导致人身伤害风险的个人数据；等等。

欧盟《通用数据保护条例》第三十五条第七款规定了数据保护影响评估的识别标准，包括数据处理目的、数据控制者追求的合法利益、数据处理行为的必要性与合理性、对数据主体权利和自由产生的风险等方面。

我国《个人信息出境安全评估办法（征求意见稿）》针对个人信息出境这一数据处理行为构建了风险评估机制。其制定识别风险的标准包括三个方面：一是行为的合法性（包括是否符合国家有关法律法规和政策规定）；二是行为的正当性（合同条款是否能够充分保障个人信息主体合法权益，网络运营者获得的个人信息是否合法、正当）；三是风险的可控性（合同能否得到有效执行，网络运营者或接收者是否有损害个人信息主体合法权益的历史、是否发生过重大网络安全事件）。

虽然风险评估的进行并没有统一的标准，但是制定风险标准仍有其基本的原则。首先，风险标准的确立应判断风险源自哪里。大数据环境下的个人数据处理行为，包括系统性监测、大规模的数据画像、敏感数据的分析、弱势群体的个人数据处理等行为，都关涉个人的基本权利和自由。因此，立法者倾向将涉及基本权利与自由的数据处理行为判断为高风险行为。我国制定的个人信息出境评估规则，关注的法益在于个人信息在境外是否能够得到妥当的保护，包括是否可能因保护水平过低而损害个人权益，是否会在境外遭到滥用，是否可以得到救济等。因此，判断个人信息跨境风险的标准与大数据处理的风险标准显然是不同的。

二、个人信息处理的风险管理

风险管理的核心包括两方面，一是对风险进行成本效益分析，也就是在与风险有关的损害和与风险有关的利益之间取得平衡；二是通过采取降低风险的措施，将风险降低到可接受的程度。

风险降低/减轻措施是风险分析领域的经典术语。在数据保护法中，我们很少看到这样的表述，但是在“安全保障”规则中则经常出现。风险降低和安全保障的目标都是降低风险水平，只是一个是在风险分析的背景下使用，另一个则是在数据保护以及更为宽泛的法律背景下使用。欧盟法院也支持这种解释，欧盟法院认为，数据控制者根据相关规定履行通信元数据留存的义务，但是并没有提供充分的安全保障，如数据存储的期限或数据利用的目的限制。安全保障措施的目标是确保留存元数据的有效保护，防止数据的滥用、非法存储和利用的风险。

欧盟的监管者认为，如果数据处理给自然人的权利和自由带来很高的风险，如那些涉及数据自动处理、大规模识别敏感个人数据，或对公共可进入地区进行大规模的系统监测，则需要对个人数据处理活动进行系统和广泛的风险评估。此外，一旦发生数据泄露事件，数据控制者必须迅速通报数据泄露事件，以防止事后的数据滥用，除非个人数据泄露不会对个人的权利和自由构成威胁。

虽然风险规制并不是一个新概念，但是欧盟的《通用数据保护条例》（GDPR）将风险规制作为一种核心的执法模式，并主要依靠数据控制者予以实施。此外，除了数据处理安全义务和数据保护影响评估义务以外，风险规制也已扩展和体现在其他执行措施之中，如设计保护数据、处理活动记录等。GDPR 也鼓励数据控制者实施行为守则和认证机制进行自我规制。比如，GDPR 第三十五条第七款提出，数据保护影响评估还包括处理风险的预想方案，包括安全和保障措施，以及确保个人数据的保护和证明符合本条例规定的机制。此外，数据控制者是否遵守行为准则，是否满足认证条件，是否获得数据保护印章和标志，是否遵守公司约束规范等也被认为是降低风险的措施。

我国《信息安全技术个人信息安全规范》规定的风险控制措施较为模糊，仅要求组织需根据业务现状、威胁环境、法律法规、标准要求等情况持续修正个人信息保护边界，调整安全控制措施，使个人信息处理过程处于风险可控的状态。标准并未对组织如何修正个人信息保护边界，如何调整安全控制措施提出更为明确的指导。我国《个人信息出境安全评估办法（征求意见稿）》规定的标准合同缺少了监管机构对网络运营者资质核准的步骤，更多依靠企业的自律机制来实现，在对数据跨境的风险控制上比欧盟要宽松得多。

第二节　个人信息安全风险规制的完善策略

风险分析中的场景化方法能够为每项数据处理操作评估和确定最适当的保护措施。比如，针对大数据画像实践，风险分析可以帮助其更好地识别风险，选择更有效的保障措施。然而，风险分析方法赋予数据控制者大量的自由裁量权，由其决定是否承担该项风险以及采取哪种保障措施。这就导致了保护水平参差不齐等问题。

将风险社会理论和环境风险规制理论引入个人信息安全规制，意味着需要考虑什么样的专业知识可以用以评估人权和自由的风险。可以说，监管大数据挖掘和数据分析对人权和自由产生风险，数据保护监督机构不仅要在数据保护风险评估和管理中发挥更为积极的作用，还需要在信息、程序和参与方面产生影响。

一、加强环境风险规制的民主协商，构建正当程序

个人数据保护的风险规制最初是借鉴环境风险规制的理论和实践。目前来看，对个人数据安全风险的评估和规制还刚刚起步，尤其是在程序上如何借鉴环境风险规制的做法更值得关注。环境风险规制的关键工具——环境影响评估（EIA）程序有助于人们更好地处理大数据应用中产生的矛盾，并改进监管方法。

风险规制需要兼顾“理性—工具范式”和“商谈—构建范式”，通过良好的组织和程序结构，同时容纳科学的精神和民主的抉择，并促进两者的互动。环境风险规制发挥作用需要三方面的支撑：一是监管机构主导；二是公众参与民主协商；三是确保正当程序。

首先，监管机构在环境风险规制中处于主导地位。在环境影响评估程序中，监管机构在风险甄别程序中发挥了决定性的作用，确保环境影响评估只针对可能对环境产生重大影响的项目，通过定义范围和环境信息的详细程度确定评估的范围，并记录在环境影响评估报告之中。比如，在欧盟，环境开发者必须向监管机构和公众提供大量信息，并与公众或监管机构进行协商。此外，环境影响评估还需要在监管机构的主持下公开协商，并且有技术专家的参与。监管机构负责决定是否批准该项目，并考虑协商的结果。公众可获知监管机构的决定，并可以通过行政诉讼机制对监管机构的决定进行质疑。

其次，通过民主协商，增强环境风险决策的公信力。“民主的本质是协商而不是投票”的观念源自20世纪末人们对民主合法性危机的深刻反思。[①] 协商民主强调通过对话、交流、讨论等方式使公民自由、平等地

---

① 德雷泽克．协商民主及其超越：自由与批判的视角[M]．丁开杰，译．北京：中央编译出版社，2006.

参与现代公共生活。环境风险规制中的民主协商实质上是一种协商性的环境民主参与机制，公众通过合法程序参与到环境风险规制决策的对话与协商之中，并对决策产生的影响进行监督。环境风险决策涉及不同的利益相关方，不同群体的公民之间也会有不同的环境利益诉求。只有通过充分协商，才能使各方利益得以表达，以增强决策的公信力。

最后，通过正当程序满足最低限度的公平要求。尤尔根·哈贝马斯（Jurgen Habermas）的公共商谈理论关注的核心就在于确定正当程序机制，增加透明度，使公众享有平等的知情权、陈述权。环境风险规制的信息透明和决策公开可以防止权力滥用。通过环境听证等程序的设置赋予公众陈述意见、提出异议的权利。

二、纳入独立专家评估机制，加强监管机构的规制能力

大数据时代，个人数据风险的评估和管理仍然处于混沌、复杂和不确定的阶段。强大的数据控制者不愿意公开其数据处理的意图和行为，也增加了风险评估和管理的困难。因此，个人数据的影响评估必须重新设计风险评估机制，将权利重新适当地赋予数据保护监管机构。

尤其是大数据环境下，网络运营者对个人敏感信息的大规模利用、人工智能算法黑箱与算法操纵等高风险的数据处理行为，决定了需要赋予监管机构更多的审查权限，防止数据滥用，侵害个人利益和公共利益。我国当前个人信息保护规则过多地依赖告知同意原则，将其作为个人信息处理的主要合法性基础，实际上难以解决大数据场景下数据自动化决策以及从非直接来源获得的大型数据集的分析和再利用带来的风险。将解决大数据时代个人数据安全的责任交由数据控制者，并由数据主体进行自我保护，减弱数据保护监管机构的作用，这些做法是否能够

应对大数据时代个人数据面临的风险是有待讨论的。

当然，从务实的角度说，监管机构在认识技术进步的后果方面存在局限性。借鉴已有的风险规制的经验，进行独立的专家评估是分析企业和政府如何利用大数据技术收集和利用个人数据并评估其内在风险的核心举措。

比如，监管机构可以通过技术专家对大数据算法实施审计，以此作为验证算法功能的先决条件。对可以预测对人的影响的分析算法，算法审计通过实施算法决策记录获得额外的优势。这一点在数据保护监管机构放松对数据处理中的控制时（如不再要求进行数据处理登记）显得尤为重要。此外，增加大数据算法的透明度的技术也正在开发之中，但还需要构建这方面的现实的监管机制和适当的标准。

三、构建个人信息安全风险规制的民主参与机制

目前，各国的数据保护影响评估程序中都缺乏公众协商与参与机制。大数据应用所产生的风险虽然表面看起来涉及许多技术问题，但仍需要更多的公众参与，以便公众更好地认识和应对这些风险。现有的环境风险规制的重要特征是引入了与公众的风险沟通和公众参与机制。利益相关者和公众获得充分的信息，并在项目早期即参与决策过程，以获取公众信任。风险规制理论和实践都强调了将风险分析和具体场景下的知识及受决策影响的公众的看法紧密结合起来的重要性。一方面，没有系统科学的分析的讨论是空洞的，但是另一方面，无视公众意见的讨论将助长不道德的行为。

在风险规制理论和实践中，人们设计了各种公众参与方法。这些方法与风险的性质和各国的监管文化相关。公众参与机制包括公民陪审

团、公民小组、协商会议、焦点小组、公开听证会等。但这与其他新兴技术，如转基因生物、环境影响项目等引发的社会关注相比，信息通信技术发展带来的风险，特别是大数据技术带来的社会风险可能被低估了。

从互联网作为一种交流沟通工具的角度看，在讨论互联网、大数据应用带来的风险方面，它并没有被视为一种交流工具，更不用说成为一种公众参与性的交流工具了。互联网数据控制者在个人数据处理方面的不透明做法阻碍了公众对大数据处理的理解，尽管数据控制者可以辩称其在隐私政策中提供了相关的信息。

从个人数据保护制度建立以来，这项制度一直采用个人主义的路径，即赋予数据主体以控制权，如 GDPR 赋予的数据主体访问权、修改权、反对权、被遗忘权（删除权），作为重要的法律实施路径。然而，数据主体通常无法预测个人数据处理带来的风险并采取相应的行动。因此，人们提出，除了对具有潜在危险的产品实施影响评估以外，还应鼓励用户开展有组织的防御。比如，人们提出“集体隐私”这一概念，使人们找到自我组织的方式，采取集体行动捍卫自己的权利。这一观点的合理性在于，人们发现，大数据推动了群体特征识别技术的应用，以代替个人特征的识别。评估特定的数据挖掘和分析对于权利和自由的风险，肯定会受益于制度化的对话，以及互联网用户作为数据主体和公民可能传递的多元视角，以识别风险并将风险的影响降至最低。

四、增加大数据处理的透明度

透明度原则是大数据实践中的一项特殊要求，但是如何使这项原则真正有效还需要深入探讨和研究。事实上，随着大数据的普及应用，除了个人数据本身的收集以外，通过数据分析做出的决策以及做出决策的方式更为敏感。基于这些担忧，个人数据保护立法中往往提出加强数据处理的透明度，赋予数据主体强大的访问权和有效的退出机制。比如，欧盟数据保护监管机构（EDPS）要求赋予数据主体访问其画像文件的权利，以及了解数据画像的算法逻辑的权利。在有关算法对数据主体的影响的可预见性方面，可以要求公开其算法决策的标准或解释其算法，并实施特殊的监管或方法论机制。比如，由技术专家实施算法审计，对于实施了有问题或不准确的算法决策或者算法歧视或者类似伤害的企业进行不良情况记录或公开。

综上所述，数据保护影响评估如何在实践中发挥作用还有待观察。如何确保数据控制者对数据主体的权利面临的风险进行适当的评估尚存在疑问。如果评估的风险超越了狭义的损害和实际的不利影响，而扩展到一般性的社会影响，如失去社会信任，那么风险评估对数据控制者来说将是难以承受之重。鉴于此，应当赋予数据保护监管机构以适当的权力和能力，以构建数据主体参与风险评估和管理程序的框架，并制定适当的技术和制度机制。

第六章　基于现代技术手段的个人信息保护

21 世纪，信息通信技术越来越成为全球范围内经济变革的主要推动力。数字经济的全球化发展和融合对统一的隐私标准产生了很大的需求。各国的监管者开始推动构建 IT 系统隐私标准和原则的国际合作，主要的行动包括：2004 年弗罗茨瓦夫的 ISO 隐私框架标准草案决议、2006 年的全球隐私标准、2007 年的关于为使用隐私技术开发国际标准的蒙特利尔决议、2009 年的马德里隐私声明等。国际标准倡议者认为，法律对技术发展存在监管限制，但是技术设置也被认为不足以确保对法律的一致性解释和遵从性。

近年来，个人信息保护领域的标准化活动大幅增加。2011 年，国际标准化组织（ISO）“身份管理和隐私技术”工作组推动制定了《信息安全技术隐私框架》（ISO/IEC 29100）。这是一项信息技术的一般隐私框架，通过关注个人数据处理，加强了现有的安全标准。该标准主要针对从事个人数据处理的组织，但它也被认为有助于设计信息技术。2014 年，国际标准化组织（ISO）与国际电工委员会（IEC）制定了保护个人信息的云计算技术标准 ISO/IEC 27018:2014。

目前，国际标准化组织 ISO 的信息安全分技术委员会（ISO/IECJTC1/SC27，SC27）与大数据安全、个人信息保护相关的标准和研究项目多达 20 项；国际电信联盟电信标准分局的安全工作组中目前与数据安全相关的标准和研究项目近 20 项。我国信息安全标准化技术委员会于 2016 年成立大数据特别工作组，推动包括《信息安全技术　个人信息安全规范》（GB/T 35273—2017）、《信息安全技术　大数据服务安全能力要求》（GB/T 35274—2017）等多项数据安全相关标准的制定。

第一节　默认保护数据的个人信息保护

一、默认规制与主动选择

“默认”保护的概念涉及默认规则设置与选择架构。我们在日常生活中的许多场合，监管者、服务提供者和其他实体已经做出了许多关涉公民、消费者或终端用户的选择。默认规则的设计者可以说是选择架构师。一个典型的默认规则的例子是雇主为其员工签署的养老金计划。通常，员工有可能有不同的选择，但是在默认情况下，雇主开始就已经代表雇员做出了选择。默认规则的对立面是主动选择。主动选择需要个人采取积极的行动，明示对所涉决定的偏好。行为经济学的研究表明，由于某些原因，默认规则具有“黏性”。例如，个人可能会无视默认规则，缺少强烈的偏好，或者没有足够的知识来做决策。个人也有可能认为默认规则是政策制定者、监管者或服务提供者的建议。相反，在没有影响甚至决定选择的默认规则的情况下，主动选择可以为个人提供更多自由。主动选择义务原则上可以迫使个人在做出决策之前进行自我教育。如果选择架构缺乏必要的信息帮助个人实现知情同意，主动选择可以保护个人免受他人做出的错误选择的侵害。

在个人数据保护领域，“默认规则”“主动选择”和“同意”三个概念具有相似的特征。GDPR 将“同意”定义为“依照个人意愿，自由、明确、知情并清楚地通过陈述或积极行为表示对其个人数据进行处理”。在实践中，这意味着，有效的同意需要数据主体的主动作为，如主动选择。GDPR 赋予“默认数据保护”与“同意”以不同的实施方式与义务要求。同意是数据处理合法化的基础之一。欧盟的监管机构特别重视个人的主动选择作为表达个人对其数据处理的偏好。同时，“同意”并不是唯一确保数据处理合法性的法律依据。为了公共利益、数据控制者或第三方的合法利益，保护数据主体的利益、遵守法律义务等情形也是数据处理的合法性基础。这些理由缺乏主动选择的要素，而是由数据控制者作出决定的。

“默认数据保护”是数据控制者在建立合法数据处理理由后应实施的义务之一。作为选择架构师的监管机构，选择保护个人数据作为默认规则，规定数据控制者有义务实施适当的措施来保护个人数据。即使个人不采取行动来主动保护自己的个人数据，默认保护规则也能保护个人数据。

二、默认保护数据的规制要点

（一）个人数据量最少

为了尽量减少收集和进一步使用个人数据，数据控制者可以考虑以下最佳实践方法。

1. 数据越少越好

这是数据最小化最广为所知的实践。在直接向数据主体收集个人数据（如要求用户通过网上表格填写个人数据）的情形下，数据保护友好型的默认设置就是减少收集个人数据的数量，只有那些符合特定目的的必要数据才应当强制要求填写。此外，如果要求标准化的数据值，最佳的做法是为用户提供可选择的数据列表，而不是一个文本空格，让用户填入不必要的个人数据。尽管如此，应当强调的是，数据最小化不仅指最小化数据字段本身，还指减少数据收集和进一步处理的其他任何方式。为了达到这个目的，最小化也可以基于隐私工程方法，通过聚合、计数、随机或匿名数据来实现。

2.根据必要性原则，进行目的细分的数据收集

在某些情况下，数据处理的不同阶段存在多个子目的。最佳的做法是默认设置也遵循子目的予以细分。例如，在电子商务场景中，浏览网上商店的用户将首先决定购买哪些商品，然后才会被询问姓名和送货地址。有时候，数据控制者可能会要求用户填写电话号码、出生日期等信息，尽管这些信息通常不是必需的。尽管电话号码可能在配送中是实用的，出生日期在某些支付方式中也是必要的，但是只有在用户选择上述功能时才需要收集。

3.使用隐私增强技术

在一些情况下，数据最小化可以通过使用安全和隐私增强技术来实现，如假名化或加密技术。在电子商务场景中，在某些受年龄限制的情况下购买商品时（如酒类），一般认为出生日期是必要的。需要注意的是，在这一情形下，年龄并不需要确切的出生日期，甚至不需要出生年份。隐私增强属性的证书或身份证卡的类似功能可以验证成年的条件是否满足，并只传输结果而不是确切的日期。在这方面，基于零知识证明的密码技术也可以发挥作用。如今有很多隐私增强技术可以用来最小化数据收集或减少用户的可识别性。

4.使每个目的不同程度地最小化

根据不同的数据处理目的，同类数据的最小数量也有所不同。因此，数据控制者的最佳做法是根据特定数据处理场景重新评估默认值。例

如，在移动应用领域，位置数据只对特定目的（并非所有情况）是必需的。同样，使用智能手机的麦克风不能是一般性的默认设置，虽然在某些情况下是需要的。例如，一个评估声音的卡拉OK游戏需要访问麦克风，但是一个摄像头应用程序默认情况下不需访问麦克风。第三方应用访问和读取智能手机的通讯录无法构成合理的默认，尽管通讯录中的这些人可能同意存储他们的电话号码，但是他们中的大多数人可能不会同意第三方的访问。甚至一些可能微不足道的应用程度访问权限，如电池状态，也可能产生敏感的影响，因此不能默认允许访问。

又如，对于即时通信软件，除了考虑发送者和接收者之间的信息传输外，还应考虑如何尽量减少默认情况下向联系人披露的信息，包括登录状态、信息的读取状态、通信伙伴在写消息等信息。数据保护友好型配置将从这些信息的最小化开始，但是用户可以选择向其联系人披露更多的信息。就“发送信息”这一目的而言，默认设置应当是IT系统通知发送者有关技术性的发送状态（发送中、发送完毕、由于什么原因发送失败），以便发送人可以识别收件人的地址是否有效，或者是否由于技术问题无法发送成功。但是收件人是否阅读了信息对这个目的来说是不必要的。最佳的做法是询问收件人是否同意将这些信息发送给发件人，这实际上已经成为一些电子邮件客户端的默认做法。

5. 最小化风险

确定个人数据的最小数量，不但与数据的大小相关，而且其目标应当是风险最小化，也就是比之敏感数据应当更偏向于处理较不敏感的数据。同样，匿名数据应当优先于假名数据。例如，对于视频监控数据，结合生物特征分析的高分辨率人脸数据比低分辨率影像或模糊的人物图像更为敏感。安全和隐私增强技术的使用可以为实现这一目标提供极大支持。

6. 减少数据的副本

默认数据保护数量最小化要求还包括尽量减少数据的临时副本或数据的转移。同样，日志中生成的个人数据，如果对目的而言不是必需的，则在默认情况下不应存储。

（二）个人数据处理范围最小

1. 处理越少越好

数据处理最低限度的要求并不意味着减少操作的次数，而是尽量减少对自然人权利和自由造成的风险。例如，如果个人数据足够完成处理目的了，就应当避免进一步记录和存储个人数据。如果足以实现数据处理目的了，那么在主存储器中处理数据比在存储设备中处理要更好。通常，这更像一个设计决策，而不是可变的默认设置。它描述生产者在不需要永久存储的情况下，如何避免永久存储。

就用户访问网站的目的而言，数据保护友好型的默认设置应当避免为用户跟踪和数据画像而处理个人数据。以分享照片为目的就无须默认设置处理照片中的元数据（如位置数据或相机数据）。因此，当前一些社交网络不应当将上述处理行为设置为默认。在智能电表场景下，并不需要每隔数秒向服务商传输能源消耗数据，间隔时间可以大得多，由此可以降低数据处理难度，降低数据主体的风险。然而，在所有场景下，用户都可能希望改变设置，以便提供其他潜在的数据处理目的选择，如个人化的服务。

2. 用户授权工具

数据处理程度的限制与数据控制者提供的适当的工具密切相关，数据主体可以利用这些工具行使其权利，包括数据主体的知情权，这是保障数据主体权利的有效便捷的访问方式。显然，“较少的处理”包括了

"较少的数据""较少的存储"以及"较少的访问性"。因此，这一准则在所有情况下都能和最佳实践方法相结合。

（三）个人数据最短存储期

个人数据的存储期限应当尽量缩短。有时候，永久存储根本没有必要。一般说，根据处理目的存储数据到达一定期限后应当删除。这一要求不仅适用于数据库中的数据，还包括临时副本或登录日志中的个人数据，其存储时间也应当最小化。

例如，数据控制者进行在线消费者调查的最佳做法是将消费者的答复默认设置为不存储在本地计算机中（一旦消费者提交了其调查问卷），以避免消费者及其答复之间的联系。在不需要保留用户身份，特别是在计算机被多个用户使用的情况下，这一点就尤为重要。当然，这类措施还需要辅之以其他保护措施，尽可能减少用户的可识别性。

（四）最小化访问个人数据

1.基于必要性限制访问

最小化访问显然与访问策略和访问控制有关，数据控制者根据需要指导原则设计访问策略和访问控制。这种控制可以通过分离每个用途的数据来实现。重要的是，定制的访问权限支持这一目标。

2.限制分享的方式

数据控制者应当评估不同的数据共享方式，并且在可能的情况下尽可能减少数据共享。如果个人数据被复制、转移给其他接收者，提供给特定的朋友，发布或提供给搜索引擎爬虫或其他个人数据处理者，数据访问量就会增加。

3. 没有积极干预的情况下不得默认公开个人数据

GDPR 第二十五条第二款规定，只有在个人干预之后，才允许不限数量的自然人访问个人数据。该条款的目的是防止个人数据被默认公开；公布个人数据的前提是数据主体在充分知晓个人数据处理的信息情况下采取有意识的行动。

例如，对于社交网络而言，最佳做法可能是将自动访问个人数据限制在本人或一小群好友范围内。范围扩大将会导致“不限数量的自然人”公开个人数据，或者被全球互联网搜索引擎访问。

按照这一逻辑，互联网搜索引擎应当被默认限制访问社交网络数据。一个相关的场景是上传健康数据或健身追踪模式的自我测试数据可能是在向他人透露个人数据。数据控制者的最佳做法是，在默认情况下，这些数据不与其他用户共享，仅在用户明确授权的情况下才提供。此外，关于通过搜索引擎公开个人数据的问题，数据控制者应当考虑限制网站的可检索性。

第二节　基于区块链技术的个人信息保护

一、区块链技术的基本内涵

（一）区块链的概念

区块链是一种由加密算法、共识机制、点对点传输、分布式数据存储等计算机技术组成的新应用模式。从广义上看，区块链是利用由自动化脚本代码构成的智能合约来编程与操作数据、利用密码学的形式保证访问的安全与数据传输、利用分布式节点共识算法来生成并更新数据、利用块链式数据结构来存储与验证数据的一种全新的计算范式与分布式基础架构；从狭义上看，区块链是一种遵循时间顺序将数据区块依次相连而构成的链式数据结构，并通过密码学的方式来保障分布式账本的不可伪造以及不可篡改。

区块链技术是密码学、点对点网络通信、共识算法、智能合约等多种已有技术的有机组合，是对现有信息技术的一种补充，并不是建立一个新的技术体系。区块链技术通过构建数据存储、流转和处理的新型分布式计算架构，保障在通过第三方中介机构信用背书的条件下，实现数据的多方写入和共同维护、去中心化、公开账本、不可篡改、不宜伪造、可追溯、匿名性等功能。

区块链的类型分为公有链、联盟链和私有链。公有链是任何人既可以进行交易也可以读取信息、可以参与链上的交易确认和共识机制、在各个节点可以随时加入也可以随时退出的完全去中心化的一种区块链；联盟链是几个权威的机构共同分布式记账、各个节点根据共识机制协调工作的部分去中心化的区块链，联盟链由多个中心控制，任何人都可以进行查阅和交易，但验证交易需要联盟内部决定，各个节点对应一个实体机构，实体机构节点想要加入联盟链，需要得到联盟的许可；私有链是对单独的个人或实体进行开放的区块链，每个节点的开放数量和权限由组织决定和分配，相比公有链和联盟链，私有链的交易速度更快、更能保护隐私、节点连接更方便、交易成本更低。

区块链的结构是由多个不同时间段内所有交易所组成的区块按照时间顺序构成的，每一个区块包含的信息包括本区块的唯一标识、上一区块的唯一标识、区块头、交易数据、随机数等。区块链的工作模式是先由交易发起方创建交易并向全网广播，经算法确认后形成区块，新的区块全网广播后经所有节点确认其有效性，再经规定次数确认后交易不可逆转地确认，所有节点添加该区块至原有区块链后，最后达成交易。区块链能够显著降低信任风险，通过技术背书而非中心化信用机构实现信用创造。

区块链的核心技术有以下几种：①分布式账本技术。这是一种可以在多个站点、多个物理地址或多个机构构成的网络中实现数据分享、复制和同步的去中心化数据存储技术，账本里存储的资产可以是金融、法律定义上的实物或是电子资产，可以有效地提高效率、降低成本。②共识机制。它可以解决分布式系统的一致性问题，通过特殊节点的投票在极短时间内完成对交易的验证和确认，共识算法分为可信节点的共识算法和不可信节点的共识算法，如 Paxos、Raft、POW、Pos、PBFT 等算法。③智能合约。它是一种在以信息化方式传播、验证或执行合同的计算机协议，可以在没有第三方的情况下进行可信交易，交易可追踪且不可逆转，具有合约制定的高时效性、维护的低成本性、执行的高准确性的优点，但也存在安全的技术风险。④密码学。它是一门研究编制密码和破译密码的技术科学，是通信双方按约定的法则进行信息特殊变换的一种保密技术，密码技术成为区块链技术的重要基础，如哈希算法、对称和非对称加密、数字证书、数字签名、同态加密等，具有完整性、机密性、身份认证、防篡改等特点。

（二）区块链的特点

区块链的特点主要体现在下列几个方面中。

1. 匿名性

因为各个节点间的交换过程都有着固定的算法，所以它们之间的数据交互是不需要信任的（即区块链的程序规则能够自行判定活动的有效性），这一点有利于累积信用。

2.信息不可篡改

当信息通过验证并加入区块链时，便会被永久性存储，除非可以对系统中多于51%的节点进行同时控制，不然是无法凭借单个节点的修改而改变存储信息的，所以区块链中的数据具备非常高的可靠性与稳定性。

3.自治性

因为区块链采用的是以协商一致为基础的协议与规范，所以该系统里的全部节点都可以在去信任的环境中进行安全且自由的数据交换，这也将对“人”的信任逐渐转移到了机器上，不管是怎样的人为性干预都起不到任何作用。

4.开放性

系统具备一定的开放性，在区块链的所有数据中，除了交易各方的隐私信息之外，都是对用户进行公开的，所有人都能够借助公开接口对区块链数据进行查询并开发相关应用，所以该系统在信息方面保持着高度的透明。

5.去中心化

因为区块链采用了分布式的存储与核算方式，所以不存在中心化的管理机构或硬件，这也使得所有的节点都有着相同的义务与权利，而系统里的数据块需要所有具备维护功能的节点一起进行维护。

二、区块链技术下个人信息保护的法理解读

如果说互联网是我们探知世界的窗口，那么区块链技术则是帮助

打开这一窗口的钥匙。作为最先应用于数字货币的底层技术，区块链在2008年金融危机后应运而生，一个以钢筋水泥为标志的银行信用大厦，被一个以数据为土壤的区块链信用所取代。作为对中心化机构“不可信任”的替代品，区块链技术所带来的信任模式革新已被广泛应用于教育、医疗、食品安全及司法等领域，区块链技术应用于个人信息保护也是基于该技术所形成的新型信任模式。为此，需要扼要分析传统个人信息保护的信任维度以彰显其“新”，并深入探讨此种信任模式其“新”为何。

（一）个人信息保护的信任维度

传统模式下的个人信息保护从人际信任逐渐转变成制度信任。其中，人际信任最开始体现在通过血缘连接为“家”的关系中。“家”是彼此认同悦纳的界域，“家人”是维护家利益的共同体，也是值得依赖与信任的对象。“我”不仅相信“家人”不会伤害“我”，而且相信“家人”会为维护“我”的个人利益（包括维护“我”的隐私利益），抵御“他者”的侵害。随着生产力的发展，“家”的概念逐渐突破血缘关系领域，扩大到因组织体而形成的信任关系，德国社会学家卢曼将这种人与人之间的情感依赖关系称为人际信任。基于此种人际信任，人们之间可以相互交换信息，并将个人隐私信息传递给可信之人，同时期待被信任者维护好个人隐私信息。

随着生产力尤其是工业技术的发展，自给自足的自然经济已难以满足人们的生活需要，人们不得不与外部世界进行更多的交往互动，交互方式逐渐由以亲缘关系为主转向以业缘关系为主。交互方式的革新使得个人信息数量日渐增多，传统的个人信息保护方式日渐乏力，作为信任基础的情感依赖难以有效应对陡增的社会风险，人们不得不反思个人隐私信息的保护方式，希望托庇于一个公正合理的制度，期待这个制度能给个人信息保护提供保障。也正是基于此，有学者主张将个人隐私信息上升为一种个人权利并与法律相联系。路易斯·布兰代斯和塞缪尔·沃伦于1890年在《哈佛法律评论》上发表了一篇题为《论隐私权》的开创性文章，认为随着现代工业技术的进步，法律应该提供有力武器保护个人“隐私”不受他人侵犯。随后，《美国联邦宪法》第四修正案、第十四修正案、《电子通信隐私法》(*Electronic Communications Privacy Act*, ECPA)等加强了对个人信息的保护；同样，欧盟于1995年通过了《数据保护指令》(*Data Protection Directive*, DPD)，在此基础上于2018年又通过了《通用数据保护条例》(*General Data Protection Regulation*, GDPR)。

一系列个人信息保护规范的相继颁布表明，法律的基本作用之一是使人类为数众多、种类纷繁、各不相同的行为与关系达致某种合理程度的秩序，并颁布一些适用于某些应予限制的行动或行为的行为规则或行为标准。通常由某一中心实体制定法律规范或行为准则，通过法律规范或行为准则所代表的制度信任来维系复杂社会中的交互。一方面，法律规范、行为准则确保人们在“缺场”交互中信息安全，一定程度上可以应对复杂社会关系带给个人的信任危机；但另一方面，无论是法律规范还是行为准则，其约束力量均有限，尤其提供制度信任的主体通常是中心化的机构(如银行、医疗数据中心)，其任何一个偶尔的误用行为，或因管理不善的滥用行为，都会给个人信息权造成严重损害，更不必说那些为谋取个人或中心化机构狭隘利益的“恶意之用”行为。尽管这也不可完全归咎于个人信息保护的法律规范、行业规则，但伴随大数据、人工智能等信息技术的发展和应用，个人信息数量之多、范围之广、样态之多、跨越时空之能势，完全颠覆了人们对个人信息的传统理解与认知，使得肇始于“小数据”时代的个人信息保护规范难以应对“大数据”时代的个人信息保护需求。在传统个人信息保护失范失稳的背景下，区块链技术以其去中心化的分布式账本特性在信息保护方面表现出难以取代的优势，这本质上是区块链所具有的技术信任，是制度信任向技术信任转变的重要表现，如表6–1所示。

表6–1　个人信息保护的信任模式演进

信任模式	人际信任	制度信任	技术信任
社会信任结构	熟人社会	法理社会	技术社会
关系连接纽带	血缘、地缘	法律、制度	代码、法律、制度
个人信息表现形式	单一数据	小数据、大数据	大数据

（二）区块链应用于个人信息保护的本质展开

随着大数据时代的到来，个人信息量大幅度上涨，传统的制度信任与人际信任已经无法使个人在信息保护方面的复杂需求得到满足，而区块链可以通过其自身的去中心化技术形成能够满足这种需求的信任机制，也就是区块链被应用在个人信息保护方面的前提条件是技术信任。

首先，区块链属于一种分布式账本技术（简称DLT），与1.0版本相比,4.0版本的区块链技术在运行的效益与速度方面均得到了较多的提高，但是它在具体的运作过程中仍旧离不开去中心化的共识算法机制。一方面，区块链作为全新的分布式数据结构，需要以算法为基础，而个人或机构不再拥有算法共识的掌控权，所以，中心化的个人或机构都已经不复存在了。通过区块链技术所具备的去中心化特点来对个人数据进行存储，代表着在每个节点上保存的个人数据是相同且完整的。这种在存储数据方面的全知性可以避免出现传统模式中信息的不对称性现象，从而免除因这种现象引发的机会主义行为。另一方面，只有在用户完全自主且自愿的情况下，才能加入以区块链为底层技术的系统，这也代表着各节点用户需要自觉遵守共识算法。安德烈亚斯·安东诺普洛斯在他的著作《精通比特币》中把算法叫作“计算信任”，在他看来，信任模式从信任中心化机构或人转向了信任数学转变。正是因为这一特点，区块链技术才被应用到了个人信息保护领域，它所具备的个人信息存储技术也使个人信息更具安全性。

其次，已经有一部分学者在区块链技术去中心化的共识算法这一原理的基础上，围绕着区块链的时间戳与哈希值等进行了讨论。在他们看来，这些技术是由一定的计算机编程代码所组成的，信息数据在这些防篡改且固定的技术手段的保护下不会被更改，而在对数值的一致性进行验证后便能够确定数据的可靠性和完整性。现存论述的前结构对区块链技术的防篡改性进行了假定，但难免会陷进技术的窠臼中，缺少围绕区块链技术和法律相结合的相关讨论。对此，本部分将尝试站在技术逻辑的立场上通过相对直观的形式把它置于个人信息保护的探讨中。如图6-1所示，区块链是由顺序相连的区块构成的，其中每一区块都具备区块体与区块头这两部分。区块体中包括交易记录等数据，区块头包括前面的区块以及本区块的时间戳与哈希值等，在时间戳、随机数以及哈希值等部分共同作用的基础上，能够避免信息被篡改与泄露。

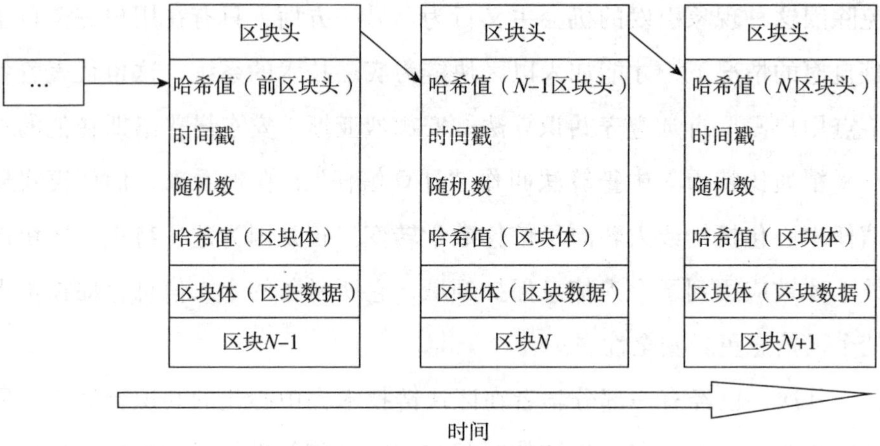

图 6–1 区块链结构图

个人信息在区块链中的重要存储方式便是使其经过哈希算法上链，如图 6–1 所示，个人信息在经过哈希化处理之后，便会将哈希值作为呈现方式进入区块 *N*–1 里，并在这个区块头里产生一个一次性的任意随机数，此区块头在经过哈希算法之后会进入区块 *N* 中，并按照这种顺序依次进行循环。这个过程存在着两方面的意义：一方面，信息数据在这个处理过程中是不可逆的，因此它在区块链中的可追溯性非常低，从某种意义上说，区块链中的个人信息不具备特定识别性；另一方面，后面的区块头是在前一个区块头的基础上才能产生的链状结构，所以，这也就意味着如果某个区块中的数据或个人信息发生了改变，那么下一区块的数值也会发生改变，也就是产生“连锁反应”。由此可知，对某个区块中的个人信息进行修改的唯一办法便是将该区块之前的全部区块都再次验证一遍。但该过程要依赖工作量证明机制，倘若某个区块（节点）没有同意更改区块的请求，那么已经完成的验证就会功亏一篑。所以，虽然通过累积 51% 的算力来对数据进行修改的方法在理论上能够实现，但是，在区块数不断累积的情况下，利用现实条件来聚集这样大的算力的可能性也越来越低。

简而言之，把区块链应用在个人信息的保护中，可以使个人信息摆脱各种存储“中心”，并在很大程度上消除个人信息在中心化数据库中存储时产生的信任危机，用户能够对信息进行及时验证。而且，此技术的应用还能够使个人更好地对信息进行控制，大大降低个人信息遭到泄露与篡改的风险。随着个人信息的日益增多，这种模式在个人信息保护方面的优势也就愈发显著。不过，虽然区块链的技术信任拥有传统信任模式无法匹敌的优势，但决不能将其技术的工具属性夸大，甚至发展到“技术蒙昧主义”的地步。也就是说，在区块链的技术信任能够使个人信息安全得到保障的基础上，也要明确这两者间存在的矛盾。

三、区块链技术与个人信息保护之间的冲突

从个人信息和区块链技术关系的层面看，这两者主要在三个方面存在紧张的关系：哈希化的个人信息是否属于规范层面上个人信息；区块链不可篡改的技术特征和删除、修改权之间的冲突；去中心化和义务主体的特定化冲突。

（一）哈希化的个人信息是否属于规范层面的个人信息

从本质看，个人信息的重要特点便是“特定识别性”，那些可以被结合识别或是单独识别的特定自然人的信息，都属于个人信息。但是，在有的人看来，大数据时代所带来的信息的持续更新与交叉验证，让这项规定的“特定识别性”的外延和内涵变得不够明确。[①]《个人信息保护法》针对这一点进行了明确规定：“个人信息是以电子或者其他方式记录

① 郑晓剑．个人信息的民法定位及保护模式[J]．法学，2021(3)：116-130.

的与已识别或者可识别的自然人有关的各种信息，不包括匿名化[①]处理后的信息。”尽管“特定识别性”对个人信息的重要性没有发生改变，但是在结合识别和单独识别的“已识别”的基础上提出了“可识别”的要求，这就代表着那些拥有“识别可能性”的信息也将变成个人信息。

对个人信息的本质特点进行讨论具有非常重要的意义，其主要讨论哈希化的个人信息是否还具备特定识别性，在法律范畴内它是否还属于个人信息，以及是否还应该得到相应的法律保护等问题，在《个人信息保护法》中，经过匿名化处理的信息无法得到法律的保护。而哈希化的个人信息是否属于“匿名化”呢？事实上，这个问题主要针对的是哈希化个人信息的可追溯性问题。在有的人看来，可追溯性指的是借助额外的信息对信息主体进行识别的难度。因为哈希化信息具备不可逆性，因此区块链中的个人信息几乎无法进行追溯，这也使其具备了一定的匿名性，不处在规范信息的层面上。学界还存在着一种与之相反的观点，虽然哈希化个人信息不能实现逆向识别，但是信息主体和个人信息间依然存在着一定的联系，甚至能够通过“暴力攻击”或“容易比照”对原始信息主体进行追溯与识别，所以并不具备匿名性，更不能脱离法律的规范。由此可见，对哈希化后的个人信息是否符合数据规范这一点，还未达成统一的观点。

（二）区块链不可篡改的技术特征和删除、修改权之间的冲突

实现个人信息自决权以及维护信息准确性的重要因素便是删除权和修改权。一方面，区块链技术所具备的单向性添加功能和删除权的行使相背离；另一方面，区块链技术信任所具备的显著特征便是避免出现人

① 根据《个人信息保护法》第七十三条第四款：“匿名化，是指个人信息经过处理无法识别特定自然人且不能复原的过程。”

为篡改的情况，虽然这种情况在理论层面上是可能的，但是去中心化的架构能够让数据修改的请求无法得到节点验证的许可。

通过上述内容可知，区块链技术中无法篡改的技术特征和个人信息的删除权与修改权间存在着一定的冲突。在行使修改权的过程中，需要与处理、收集数据的目标相符。结合这种目的性，倘若数据主体具备着非常充分的理由证明某项数据需要删除而不是添加补充说明，那么在这时，添加“补充说明的方式”便不再是修改数据最理想的方式。同理，将“变色龙哈希”加入区块链，让哈希函数与链上的两个区块进行链接，见图 6-1，即使是原始的哈希函数遭到破坏，但是并不会对变色龙哈希产生影响，这样便能够使已有区块与被编辑区块间的链接得到保障，从而实现区块链的“可编辑性”。在行使删除权时，有的人觉得可借助“哈希指针”来实现数据的链外存储，而在数据主体行使删除权的同时，链外数据库里的数据也会随之被删除，而链外数据库和链上的数据间的链接同样会遭到破坏，完成链上和链外数据的同步删除。上述观点是否具有可行性还有待考证，但是通过这种莫衷一是的现象可以表明一点，即区块链的不可篡改特征和删除权与修改权之间存在着一定的矛盾。

（三）去中心化与义务主体的特定化冲突

我国出台的《个人信息保护法》中对个人信息处理者的义务进行了明确规定。个人信息处理者指的是可以自主决定信息的处理方式及目的等事项的个人或组织，其需要充分结合个人信息的种类、潜在风险及对个人的影响等方面的因素，选择适合的方式来保证个人信息处理行为合规合法。此外，欧盟颁布的《通用数据保护条例》也进行了相关规定，即数据控制者属于个人数据保护的义务主体，同样也是联合或单独决定个人数据的处理方式及目的的代理机构、公共机构、法人、自然人或是其他机构。综上所述，这两个法律法规在对个人信息义务主体进行判断时，都以特定主体是否可以决定信息的处理方式及目的为判断的主要依据。

但是，《通用数据保护条例》与《个人信息保护法》都是在中心化的数据管理模式的基础上制定的，所以在数据处理过程中出现风险的时候，监管组织只能凭借识别特定的个人及组织的方式来确定义务的主体。与此相反，区块链属于去中心化的逻辑体系，这一定会为认定区块链体系里的数据控制者增加一定的困难。例如，区块链的用户能够自行决定在安装客户端连接区块链网络及借助客户端入链之后是否和其他节点的用户之间进行交易。对此，有一部分人认为，区块链所具备的技术架构决定了只有节点用户才可以对数据的处理方式及目的进行确立，所以个人信息保护的义务主体是节点用户。但这个观点缺乏一定的客观性，因为其忽略了数据的具体类型，如是他人数据还是自身数据。在实质化的判断标准下，节点用户并非他人数据的持有者，所以不能对他人数据的处理方式及目的进行决定。除此之外，《通用数据保护条例》第二十六条也对联合控制者进行了规定，即联合控制者指的是共同对数据的处理方式与目的作出决定的多个控制者。而怎样对区块链体系里的多个控制者间的义务以及其和数据主体间的关系进行明确，也存在一定的难度。

四、区块链技术下个人信息保护的治理思路

采用传统的个人信息保护模式需要面临一定的信任风险，而区块链技术所具备的“脱域”机制可以巧妙地规避该风险，所以可以将其看作个人信息保护信任范式的重大转变，但是也不能因为这一点就沉浸于技

治主义的狂欢中。在现代化的背景下，所有新出现的革命性技术都代表着对原本的社会规范的一次冲击。以区块链技术和个人信息保护规范之间的冲突来说，需要具备“技术—法律”两者互动的融合型管理观念，充分开发法律和技术的信任维度，不断探索出更好的管理方式。这一点不但是对管制型治理以及回应型治理两种理念的反思与概括，而且是对健全区块链中的个人信息保护体系的美好展望。

（一）区块链下个人信息保护的治理理念

从本质看，区块链中个人信息保护的管理等同于法律、技术对个人信息的治理。观念能够为行动提供方向，个人信息保护的基础与前提便是树立明确的治理理念。个人信息保护的治理理念现阶段主要有两种，分别是管制型治理和回应型治理。

在技术领域中，管制型治理属于一种压制型治理方式，它表现为国家利用法律法规来规范技术发展，将技术视为达成法治治理目的一种工具。换句话说，倘若技术和法律规范之间出现了彼此排斥的情况，就必须结合相应的法律法规对技术进行调整。在一部分人看来，区块链技术之所以能够诞生并得到广泛应用，是因为自由主义思想在偶然事件里的排列行为和中心化机制大相径庭，所以为了适应中心化机制而对“去中心化”的区块链技术进行调整是符合管理要求的举措。事实上，这种类型的治理理念会对技术创新产生不利的影响，因为它忽视了技术自身的管理价值，特别是处于大数据时代下的个人信息更加需要技术的自我监管。而回应型治理则与此相反，它属于一种将问题作为核心、主要借助法律来完成自我调适的多元共治理念，在这种类型的治理观念中，信息控制者和监管机构在治理个人信息过程中所承担的责任及对该责任的完成、妥善分配是其主要关注的内容。但是这种治理理念存在着一定的不足：其一，它无法在较短的时间内对新技术可能出现的各种问题进行预判，这一点也使得它在问题出现后无法进行及时应对；其二，它对技术决定论的技治主义立场进行了预设，不明确的归责问题可能会导致无人来承担相应的责任。

其实，以上两种管理理念都将区块链下个人信息保护的法律和技术之间的关系进行了割裂，管制型治理对区块链技术在个人信息保护方面所具备的实践价值没有足够地重视，而回应型治理没有充分重视法律在技术治理方面所起到的重要引导作用，因此，从本质看，这两者都属于“技术—法律”二元对立的理念。法律在对技术进行驯服的过程中，一定会使技术创新遭到遏制；倘若技术将法律架空，也一定会丧失管理秩序。所以，应该将个人信息的保护和区块链技术的发展作为技术与法律融合的基础，并形成“技术—法律”二元互动的融合型治理理念。这种理念存在两方面的合理性：其一，从区块链技术的角度说，作为一种客观存在，技术存在自己的治理逻辑，但其发挥的作用由技术使用者追求的价值与目标来决定。其二，从个人信息的角度说，它不仅涉及财产利益，还涉及人格利益，如果把个人信息聚在一起可以得到更大的利益，这也是个人信息逐步具备大数据时代社会属性的主要原因，法律在对信息主体权利的保护和边界进行明确的同时，需要借助一定的技术来为个人数据的物尽其用、合理流动提供保障。所以，技术开发的主体需要拥有一定的责任意识，并充分意识到技术活动并非产品的单向开发，也是对原本社会价值的建构。除此之外，从法律层面说，一方面，技术和法律都将“善”作为自身的追求，展现出了更大范围内的信任利益，是技术和法律在保护个人信息方面的共同价值基础。另一方面，新技术的更新速度远远超过了法律，当原本的规范被破坏而新的规范还没能建成就容易引发社会失范的情况，但不能因为法律的停滞不前而使技术发展受到阻碍。在大数据时代，个人信息的保护并非依赖他律（即国家法律制度规定的规则）或自律（即数字技术运行的代码），更不是这二者的简单结合，而是依赖技术代码与法律规范进行双向融合后的融合型治理。

（二）区块链下个人信息保护的融合型治理措施

虽然区块链技术所具备的“脱域”机制使其具备了去中心化的物理结构，但是共识机制让其在逻辑层面上产生了中心化，这同时也给融合型的治理举措创造了“再嵌入”的机会。本部分将基于上述区块链技术和个人信息保护间的矛盾，并进一步结合区块链技术明确修改、删除权的形式，明确个人信息的性质与义务主体。

1.结合区块链技术明确修改、删除权的行使主体

就像上述内容中所说的那样，区块链技术和个人信息的删除权与修改权之间存在一定的冲突，有很多学者都从不同的视角通过各种各样的方法尝试删除或修改个人信息。通过这点也能够看出，在“删除”与“修改”方面普遍存在因概念不明确而产生的适用争议。对此，既应该考虑到“删除权”和“修改权”的设立目标，又应该看到新技术对传统“删除”“修改”所造成的外延影响与内涵影响。倘若没有重视前者便会造成无的放矢的情况，而过分强调后者就会造成故步自封的情况。此外，删除或修改个人信息的主要目的便是使信息的准确性得到保障，避免因过时、错误的信息而对信息主体权利的行使产生阻碍。

在传统的个人信息模式中，删除权指的是信息主体要求处理者删掉不符合法律规定的电子及书面记录。但是，随着区块链技术的不断发展，删除权的行使除哈希指针连接以外，“删除”的判定方式也需要更具灵活性，而数据所出现的“不可使用”也可以被看作数据删除。由此可知，不够明确的删除及修改的方式、含义是导致个人信息删除、修改

权和区块链技术之间出现矛盾的主要原因。对此，我国在编订相应法律法规时应该在充分结合区块链技术发展的基础上，对删除、修改权的新内涵进行确定。从修改的角度说，具体的方法有“添加补充说明”“添加变色龙哈希”以及“链外存储”等，每种方式都存在着其自身的优势与不足，在使用过程中需要视情况而定。其中“添加变色龙哈希”赋予了区块链“可编辑性”，但是如果区块链具备了这种特性就会将区块链的最初设立目的打破。“链外存储”所具备的信息存储方法虽然没有与区块链的不可篡改性产生冲突，但是其采用的画蛇添足的方法让信息存储系统变得更加复杂，不仅没有将区块链的功能优势充分发挥出来，反倒让链下信息遭受破坏、攻击的可能性提升了。虽然“添加补充说明”在与前两者的对比之中，并非最理想的信息修改方法，但它兼顾了区块链特点与修改权的行使。在法律法规中需要对删除权和“添加补充说明”的适用范围进行明确。

2.结合区块链技术明确哈希化个人信息的性质

个人信息具备特定识别性，由前文内容能够得知，哈希化个人信息是否不受法律规范约束以及是否具备特定识别性，学界还处于众说纷纭的状态。从本质看，哈希化个人信息不属于匿名化，而属于假名化。判断信息是否具备匿名化特征共有三个重要的标准：第一，推论性，即在充分结合现有的信息的情况下，通过似然性对个人进行推断，倘若得到了否定回答，那么此信息具备匿名化特征；第二，链接性，即能否借助两条及两条以上的信息记录链接到指定的个人；第三，识别性，即能否精准识别指定的个人。

结合以上标准，无论用户处在世界上的哪个角落，只要他所使用的网络服务协议、应用程序以及电子设备等相关联，就存在着一定的被识别的可能，即剩余风险，倘若这些信息和公钥进行了结合，便能够对信息主体进行间接性识别，所以哈希化个人信息依然无法将链接性风险完全规避。除此之外，通过研究可以发现，那些从前无法被识别的个人信息在科技的不断发展下已经可以被识别，所以区块链中的个人信息在以后也有可能会被识别。综上所述，我国区块链中的个人信息应该被界定为假名化个人信息，这种信息符合相应的规范，但是在进行具体判断的过程中需要结合“容易识别性”要求，也就是在结合其他信息后便能够识别到指定个人的，便是规范保护的个人信息。这种形式的结合对信息的流动以及提高信息处理者的信息保护意识都有很大的益处，属于一种风险小、价值高的性质定位。

3. 明确义务主体：类型化判断与一般性规定相结合

作为个人信息保护的义务主体，个人信息处理者应该在个人信息处理量达到了规定程度时，指派相应的负责人督促个人信息处理活动的完成，这类规定的目的在于把全部和个人信息处理活动相关的主体都界定为义务主体，并以此来促进有效监管，可这样一来便会出现义务主体泛化的情况。除此之外，个人信息还具备着许多与之相关的称谓，如信息服务提供者、信息处理者以及信息控制者等，以上现象的产生不但没能合理划分义务主体，而且使得与之相关的讨论陷进语词滥用、混淆的窠臼中，从而引发更大的问题。《通用数据保护条例》针对这一情况将数据处理者和数据控制者进行了明确的区别，这个举措不仅避免了数据处理者越俎代庖，还可以使数据控制者对数据的保护义务更加明确。

但在区块链技术的基础上对个人信息保护的义务主体进行判定依然是非常复杂的，而我国通常会选用一般性规定和类型化判定两者融合的方法来确定义务主体。采用类型化判断的主要原因在于，在准入机制下的区块链共包含了三种类型，分别是公有链、联盟链与私有链。其中，公有链与联盟链包含了许多主体类型，如节点用户、矿工以及软件开发者等。软件开发者主要负责区块链技术的更新、开发等工作，由于其对个人信息处理的方式不会产生太大的影响，所以不能作为个人信息处理者；而矿工的主要任务是按照共识协议来决定是否加入新的区块，虽然它能对信息处理方式产生一定的影响，但其在信息处理目的方面的影响还不能确定。而私有链中的个人信息处理方法通常由中心化实体来决定，倘若这个实体在储存信息时选择了区块链技术，那么，它便成为了信息处理者，从而需要履行对个人数据进行保护的义务。

除此之外，从个人信息保护义务的规定看，个人信息拥有的社会属性，大量、丰富的个人信息既是企业得以延续的命脉，又是我国重要的资源。但是，如今的信息主体通常在信息处理的实质性明知以及搜集个人信息方面存在着不足，有一部分商业机构并未尽到其相应的告知义务。倘若能够保障处理的实质性明知，那么在处理每条信息时都必须rang 信息主体知情与同意，这样一来，不利于社会良性运转。所以，为了避免个人信息的权利遭到侵害，国家就必须对个人信息履行一定的保护义务。对此，《中华人民共和国数据安全法》与《个人信息保护法》明确规定了国务院以及国家网信的相关部门对个人信息数据的审计评估与分类分级义务。

五、区块链技术下开放政府数据个人隐私保护模型

（一）开放政府数据个人隐私泄露或侵权风险

1.数据搜集与创建阶段

在搜集与建立开放政府数据的过程中，难免会涉及数据主体的个人隐私，倘若这类数据遭到了泄露，那么一定会给商业秘密、个人隐私，甚至是整个国家的安全造成巨大的损害。对此，国家需要指派相应的政

府人员来对数据的搜集与建立过程进行监督。但在实际工作中，因为开放政府数据存在着数量庞大且范围广泛的特点，所以时常会发生企业单位没有遵循相应的法律法规侵犯个人隐私数据以及政府人员越权对个人隐私数据进行搜集等现象。况且我国现阶段的法律对个人隐私的范围与内涵还未正式确立，更导致诸多不当操作的发生，同时也给民众带来很多困扰。

2. 数据处理和加工阶段

数据处理与加工是在发布开放政府资源前必须要完成的步骤，数据的规范化处理既可以使数据可利用性以及可获取性得到一定程度的提升，又可以使数据主体的隐私权得到更好的保障。然而，我国现阶段在数据的处理程度以及方式上还不具备相对统一的标准，虽然负责部门已经发布了许多相关的标准，但这些标准都存在不够细致且操作性不强的问题，最重要的一点是它们在内容方面缺乏统一性。如数据脱敏技术，虽然它涉及十分广泛的开放政府数据资源，但是由于不同政府部门之间没有进行及时、有效的沟通，每个部门都有各自的处理方法，这样对开展开放政府数据工作产生了很不利的影响。所以，为了使政府数据的加工及处理工作得到进一步规范，数据脱敏这样的技术应该具备一个统一的标准。

3. 数据存储与传输阶段

为了进一步落实《促进大数据发展行动纲要》，推动开放政府数据工作的进行，各地各级的政府部门都采取了相应措施，并取得了一定成效。但由于我国疆域辽阔，每个政府行政单位各自隶属的领导机构不一样，通常被加工处理后的数据资源会保存在其各自的服务器当中。再加上行政级别的不同，省市级与县乡级的政府单位硬件设备存在着较大差别，且那些原始数据通常都被保存在县乡级的政府单位中，难以抵挡不法分子以及黑客的攻击，容易使那些元数据资源遭到泄露。而省市级的政府单位有着数量十分庞大的数据，但也会在传统存储技术的处理下出现严重的数据冗余现象。为了使开放政府数据工作的开展能更加方便，各个政府部门之间以及同一部门的开放政府数据平台与管理平台间已经采用了网络化的数据传输方式。但数据的安全性在整个传输过程中没有得到很好的保障，因此，在个人隐私保护方面，我国和那些开放数据晴雨表中排名靠前的国家还存在着很大的差距。

4.数据的利用与共享阶段

为了让有需求的人能够更方便地获取所需资源，政府在其数据开放平台进行了开放数据资源的共享，以供民众自主下载。但在现阶段，数据平台和需求者间所采用的共享渠道不具备安全的协议，极易使资源在获取中遭到第三方的篡改，使需求者无法获得完整且准确的数据，从而让开放政府数据的价值大打折扣。在一般情况下，为了防止个人隐私的泄露，政府会利用数据脱敏技术对开放数据进行处理。但在数据挖掘技术得到持续发展与迭代的情况下，很多开放政府数据还是能够被识别出来，这也使得很多不法个人、企业采用公开或非公开途径对民众的个人信息进行搜集。

5.数据侵权与反馈阶段

开放政府数据可借助挖掘数据资源的方式来获取经济价值，在这个过程中倘若没有进行妥当的处理便会造成侵权。但是，很多人并不了解被侵权之后的正确维权方式。在互联网大面积普及之后，更多的民众愿意在网络上进行维权，而这样便会导致很多网络民众受到个人或企业的诱导，从而盲目地攻击政府人员，产生非常不好的社会影响。民众在开放政府数据中有着双重身份，他们不仅是数据主体，还是数据的使用者，虽然在开发使用数据的过程中需要依赖数据的挖掘与处理能力，但绝不可因此忽略民众的数据使用者身份。只有民众更充分地加入数据使用的行列中，才能让开放政府数据具备更大的影响力。而民众身为数据主体，如果发现自己的隐私被泄露、滥用，可以立即向有关部门进行反映，并要求政府部门采取相应的处理措施。

（二）基于区块链技术的开放政府数据个人隐私保护模型

以信息资源生命周期理论为依据，可以进一步将开放政府数据划分成四个主要的阶段：采集创建阶段、加工处理阶段、存储共享阶段以及开发利用阶段。在这个基础上，可视具体情况决定是否增加侵权反馈阶段。基于区块链及其基础架构模型所具备的有关特点，笔者建立了开放政府数据的个人隐私保护模型，且在这个模型里加入开放政府数据中的相关利益者，如图 6-2 所示。

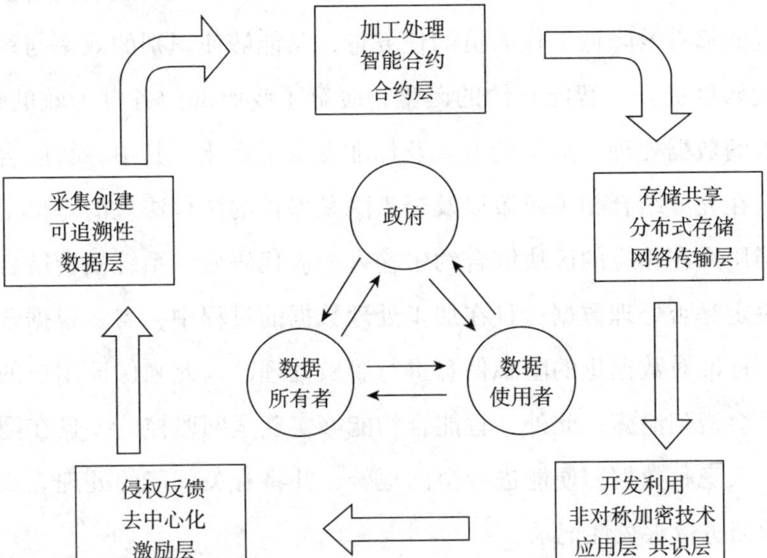

图 6-2 基于区块链的开放政府数据个人隐私保护模型

1. 采集创建阶段

与这个阶段相对应的是区块链基础架构中的数据层，它属于开放政府数据中最基础的阶段。通过使用默克尔树技术与时间戳便能够使开放的政府数据得到明确的隶属证明，从而具备可追溯性，大大降低数据在采集创建阶段遭到泄露的可能性。除此之外，时间戳技术还可以为政府人员提供数据采集的时间证明。倘若由于数据泄露产生了个人隐私侵权事件，便能够通过区块链的可追溯性对时间、地点以及人员进行快速锁定，从而掌握数据泄露的原因，还能验证电子数据资源的真实性与完整性。

2. 加工处理阶段

这一阶段对应的是区块链基础框架中的合约层。因为开放政府数据有着海量数据资源，所以处理的难度也非常大。而区块链所具备的智能合约既能够有效降低工作人员的任务量，又能够使识别的效率与精准度得到大幅度提升。智能合约的诞生，缓解了政府部门各自为政的情况，使原本的数据处理、加工的方式及标准发生了变化，其中，智能合约的代码是在充分结合相关政策以及个人隐私保护的法律法规的基础上编制的。当用户在相应的区块链合约中输入相应代码后，系统便会结合该代码来决定是否处理数据；且在加工处理数据的过程中，需要根据合约中的统一标准对数据里的隐私信息进行脱敏处理，以此来保证用户的隐私信息不会遭到泄露；此外，智能合约能够实现全网监控，一旦在网络中发现个人隐私数据，便能进行全网报警，并将有关部门的处理方式以及事发原因进行永久性记录。

3. 存储共享阶段

该阶段对应的是区块链基础架构中的网络传输层。在传统模式下，共享管理以及中心化数据存储存在很多不足之处，如数据安全性较低、备份过程复杂、成本高等，这与开放政府数据过程中存储、共享数据的要求严重不符。而区块链选择了分布式存储的模式，使数据库的安全性与精确性都得到了较大程度的提升，即便遭到了不法分子与黑客的攻击，也能够调取其他节点上保存的完整副本进行使用。使用了分布式存储技术之后，在没有得到全网的许可下，修改单个的数据是起不到任何作用的，这样一来便能够避免个人隐私信息遭到污染、篡改。区块链网络属于一种点对点网络，节点和节点间采用了中继转发的方式来完成通信，能够有效避免网络监听以及共享数据被第三方截取的情况。

4. 开发利用阶段

这个阶段对应的是区块链基础框架中的应用与共识层，它不仅属于开放政府数据资源传播到网络中的根本途径，还属于开放政府数据所具备的本质价值。在使用了区块链加密技术的私有密钥以及公开密钥管理之后，政府部门便能够对开放政府数据的权限实施有效管理。在审计并监管数据使用者的过程中，倘若发现任何损害数据主体个人隐私的行为，有关部门便会对使用数据的人或组织的私有密钥权限采取限定处理，并将该处理结果发布在整个网络上。而对那些多次出现该情况的数据使用者，政府部门可将其私有密钥的使用权限永久收回，并将其从区块链网络中删除或将其拉入黑名单。

5. 侵权反馈阶段

此阶段对应的是区块链基础架构中的激励层，它对开放政府数据工作的顺利实施起着至关重要的作用。区块链里的所有用户都能够将自己的数据在整个网络上进行发布，在全网超过 51% 的用户认证核实以后便会被写入区块链。此外，数据所有者也能够通过全网广播的方式把自己经历的侵权事件发送至相关部门，这些信息会被进一步核实并记录到区块链中，而该数据会被全网监控，所以避免了与之相关的人对其进行篡改等情况的发生，强化数据使用者、数据所有者以及政府间的互动与反馈，进而营造出良好的开放政府数据环境。

尽管我国已经实行了《个人信息保护法》，但是将新技术应用在保护个人信息方面时不可以陷入法理贫困的困境中。囿于传统个人信息保护模式存在的信任危机，区块链凭借着技术信任而被应用在了个人信息保护中，这属于个人信息保护信任范式中的重要改变。但区块链在为个人信息保护提供技术信任的同时也和个人信息的义务承担与权利行使之间产生了矛盾。只有始终坚持法律治理和技术创新之间的有效反馈和沟通以及区块链技术和个人信息保护相融合的治理理念，才可以进一步从规范“自闭”和技术“自嗨”的窠臼中走出来，更好地实现体系化、科学化的个人信息保护。所以，虽然如今的区块链技术已经得到了很好的发展，但是作为一项底层技术，它还存在着较大的开发及应用空间。除此之外，规范层面有关概念的外延与内涵需要和新技术的发展进行一定程度上的结合。从区块链技术被应用在个人信息保护方面说，它在本质上依然属于一项还没有完成的设计。

第三节　基于支付标记化技术的电子支付信息保护

在支付市场规模的持续扩大以及互联网技术的飞速发展下，支付产业需要应对更加严峻的来自网络安全方面的挑战。如今，金融机构所要面临的最关键的问题便是使支付信息（这里主要针对的是银行卡账户信息）的安全得到有效保障。虽然许多金融机构都采取了相应的措施，但是这些措施都存在着一定的局限性，无法在根本上解决这一问题。除此之外，从电子支付领域的角度看，怎样在不对支付便捷性与体验产生不良影响的基础上，提升用户信息的安全度，是支付领域最重视的问题。而支付标记化技术很好地解决了这个问题，它兼顾了支付的体验感与安全性，可以很好地满足数字支付时代对安全方面的需求。本节将在个人支付信息保护现状、支付标记化技术的内涵及其应用等方面展开论述。

一、个人支付信息保护现状

（一）个人支付信息保护标准

支付卡产业联盟组织（PCI）自从建立起，便始终坚持保护银行卡交易信息与账户安全，增强用户银行卡的抗风险能力，使商户、持卡人以及银行等免受非法利益侵害。现如今，众多卡组织共同推出并实行了PCI的统一安全标准，为了进一步提升银行卡账户信息的安全程度，这个标准对传输、处理、存储银行卡账户信息的卡片收单机构以及银行卡机具产品在相关的技术与管理方面提出了更高的要求。

PCI安全标准规范针对保护持卡人数据安全的操作与技术要求提出了相应的基准。

从大体上来看，该安全标准共包含了两大类别：第一类是针对支付信息系统安全的标准。PCI安全标准对第三方收单服务提供商、收单组织以及特约商户等涉及银行卡交易中的持卡人信息处理、传输与存储过程制定了六大控制目标：维护信息安全战略；对网络进行定期监视及测试；实行安全有效的访问控制措施；运行并维护漏洞扫描管理程序，并对电脑程序与防病毒软件进行定期升级；对持卡人的数据进行保护，保证持卡人数据的安全传输；打造并维护安全的网络环境。第二类是针对机具产品的标准。为了保证刷卡过程中数据信息的安全性，避免持卡人的敏感信息遭到泄露，所以需要对密码键盘、POS 机等产品进行定期的安全检测。

PCI 安全标准委员会对授权评估体系进行了严格维护，能够为服务提供商、商户、收单银行等支付产业组织，提供安全评估与扫描的服务以及相应的报告。

（二）金融机构对支付信息的整体保护方案

支付交易过程不仅包括支付信息的应用、传输、验证以及存储等环节，还涉及交易金额、个人密码、相关密钥、银行卡账户等敏感信息。为了强化支付信息的安全管理，金融机构实施了如下的措施：实施风险交易监测；强化各种支付产品的安全管理；促进银行卡向芯片卡的优化迭代；加强交易密码保护机制以及支付敏感信息的安全防护与内控管理；对网络攻击进行强化防范，避免信息被盗取；保障系统、网络等基础设施的安全性。

（三）个人支付信息安全面临的挑战

虽然为了保护个人支付信息的安全性，金融机构与有关部门已经付出了很多的努力，但支付信息安全方面依旧存在着一些问题。类似支付信息泄露的情况还会经常出现，这不仅严重影响了金融机构的品牌形象以及民众的切身利益，还会使支付产业中的各方遭受一定的损失。

个人支付信息安全在网络安全形势愈发严峻的基础上，面临着更大的挑战。一是如今的网络安全威胁呈现出了复杂化、多元化的特征，且具备针对性、目的性的网络攻击事件频发，重要数据以及个人信息的泄露风险增加。二是网络安全漏洞频发，且高危漏洞的数量也在不断增加，这些漏洞都会直接导致信息的泄露。三是国家对支付信息保护的规格以及网络安全的治理提出了更高的要求。为了更好地保障个人信息的安全性，严厉打击网络违法行为，公安部、网信办等四部委一起进行了互联网网络安全专项整治以及移动App违规收集个人信息专项治理工作。

除此之外，在新的设备、技术的持续普及下，支付信息发生泄露的可能性也变得越来越大：一方面是支付产业链中存在着诸多环节，持卡人、商户、收单机构、非银行支付机构、金融机构等均有涉及。倘若其中的任何一个环节出现了风险，便会对整个支付产业链产生一定的影响。虽然那些传统的金融机构对支付信息安全十分重视，但是代理商以及中、小型支付机构受到了投入资源等方面的束缚，使得其在支付信息的安全保护方面还存在着较大的隐患。而另一方面是在信息技术持续发展的情况下，涌现出了一大批智能设备，支付方式也得到不断创新。这种业务方面智能化与终端化的开放，也会引发攻击入口的进一步开放，进而增加信息泄露的风险。

因为银行卡是支付领域的基础，所以对银行卡支付信息安全的防护也就变成支付产业信息安全工作的重中之重。现阶段，急需引入一套行之有效的支付信息安全保护方案，使支付信息泄露的风险得到最大程度的降低，而以支付标记化技术为基础的信息保护方案及其应用将会成为必然的趋势。

二、支付标记化技术的内涵

（一）支付标记化技术的概念

支付标记化技术是国际芯片及支付技术标准组织（EMVC）所提出的一项主要应用于安全支付的技术。该技术的核心原理在于用指定的支付标记代替原来的银行卡号，并对其在应用过程中的受理渠道、交易类型、商户以及设备进行限定。而后续过程中的支付将不会再显示卡号信息，这样一来便能够使受理机构、商户侧银行卡号出现泄露的问题得到有效解决，无形之中降低了交易的风险。接下来将对这项技术的有关概念进行简单介绍。

1.支付标记

作为主账号（PAN）的替代值，它通常是由13到19位数字构成的，且一定要与主账号的基本验证要求相符。在使用银行卡进行支付的过程中，通过用支付标记来代替银行卡的卡号，不仅能够保证交易的正常进行，还能够使交易的安全程度得到提升。

2.标记的域控

它指的是对被限定的使用场景进行标记，如指定的数字钱包服务提供方、商户名称、支付途径、使用次数、交易类型，或上述限定场景的随意组合。以线上商户为例，可将其定义为一个相对独立的域控，如此一来，即使支付标记遭到了泄露、攻击，也无法将其应用于其他支付交易场景中。

3.身份识别与验证（ID&V）

这种方法主要是被用来对持卡人及其账户的有效性进行验证。作为支付标记申请过程中的关键环节，身份识别与验证的结果能够对原始主账号PAN与申请的支付标记间的可信度起到决定作用。

4.担保级别

它代表的是主账号PAN与支付标记两者间的可信度，这个数值会受到风险监控系统的评分、身份认证的结果、标记存储位置以及账户验证的结果等诸多因素的影响。在标记形成的同时，需要由标记服务提供方在充分结合验证结果与控制要素的基础上，对担保级别进行判定；倘若要对形成后的标记再次进行ID&V的操作，那么，其担保级别也可以随之更新。

5. 标记服务提供方

作为产生并维护标记的主体，标记服务提供方也需要对标记请求方进行管理，并为其提供有关的标记服务。此外，身为支付标记的主要发行机构，它还需要建立、维护以及运营支付标记化系统。

6. 标记请求方

向标记服务提供方发起标记请求的组织就属于标记请求方。这个机构既可以是某类专业化服务提供方，也可以是传统支付行业的参与者。在整个标记化体系中，标记服务提供方会对请求方进行管理并进行唯一标识。

（二）支付标记化技术的特征

支付标记化技术属于一项国际通用的安全技术，它具备着四个显著的特征。

（1）具备互操作性与兼容性，并对现有银行卡支付体系进行了很好的兼容。格式方面和银行卡主账号相同，由 13 位到 19 位之间的数字构成，不但与卡号的基本验证规则相符，而且也不会和真实的卡 BIN 发生冲突，使支付标记能够像银行卡的卡号一样在转接清算网络中进行正常处理。

（2）支付标记的交易与申请过程不会影响用户的支付过程。在将支付标记化技术应用到支付过程以后，并不会让持卡人有所察觉，持卡人也没有必要了解交易过程中使用的是银行卡号还是支付标记。

（3）利用 Token 代替银行卡号等支付信息的方式，能够在根本上降低支付信息泄露的风险。此外，支付标记化技术利用指定的数值代替银行卡的有效期与主账号，并将该数值的使用范围进行限定，可以减少银行卡号及有关的支付信息泄露的风险。

（4）在将 Token 和交易场景进行绑定后，能够达到降低支付信息被跨渠道窃取的可能性。因为标记的使用范围在其形成时就已经完成了限定，所以即便是标记遭到了泄露，也能对其影响范围进行控制。支付标记化技术既能够很好地应对移动支付和在线支付的安全问题以及市场竞争，又能兼顾未来线下、线上支付相互融合。

三、基于支付标记化技术的个人信息保护方案及应用场景

（一）支付标记化系统建设方案

1. 支付标记化系统建设框架

如图 6–3 所示，在支付标记化的系统框架里，最重要的两个角色便是标记请求方与标记服务提供方。

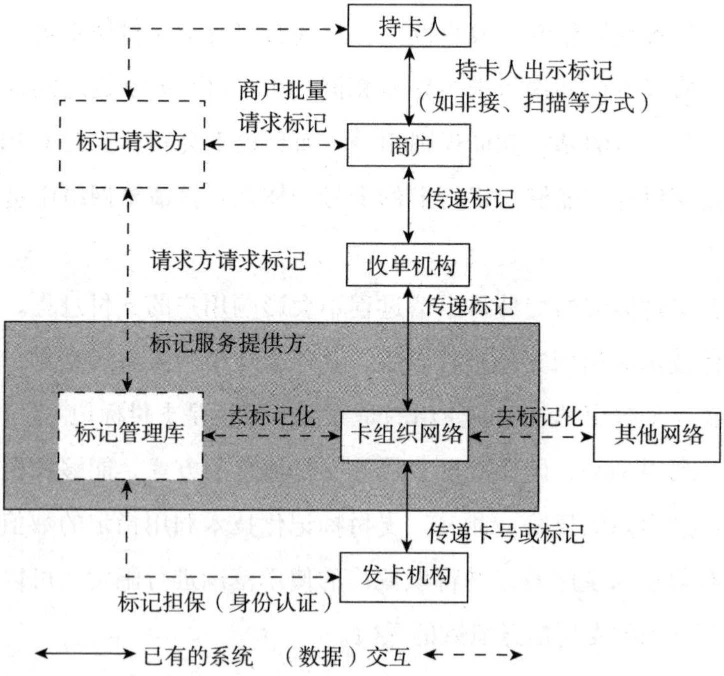

图 6–3　支付标记化系统框架

作为形成并维护标记的主体，标记服务提供方不仅要为标记请求方提供一定的服务，还要负责对其进行管理。标记服务提供方是支付标记最主要的发行组织，其肩负着建立、运营、维护整个TSP系统的任务，它的主要功能如下。

（1）保障传统卡号BIN和支付标记BIN之间的不同，以此来避免银行卡号和支付标记产生的冲突。

（2）形成并管理其自身的标记请求者API。

（3）支付标记请求方的注册功能。

（4）支付标记安全应用与控制。

（5）支付标记库的维护与持续运行。

（6）支付标记的产生、发布、去标记化，以及生命周期的管理。

标记请求方指的是向标记服务提供方发起标记申请的组织。其中，移动设备制造商、收单机构的外包服务方、收单机构、数字钱包服务商、存留卡号信息的商户等都是标记请求方实体。当标记的请求方在发起注册标记的请求时，具体收集什么信息和内容是由标记服务提供方来决定的，如标记的域控信息、标记请求方所支持的用户场景等。当该请求通过后，请求方便会得到一个自己专属的ID，而这个ID的支付标记域控信息及交易控制行为都会在标记提供方的系统中进行同步记录，以便完成之后的交易验证。

2. 支付标记申请

标记请求方负责收集持卡人的身份验证以及账户信息，完成标记申请之后需要进行相应的账户验证，即向发卡组织核对持卡人的身份及部分附加信息。账户验证环节结束后，标记服务提供方便会将生成的Token传送给标记请求方。

其中，账户验证的主要目的在于对持卡人及其账户的有效性进行验证。标记提供方收到 Token 申请之后，会结合具体情况来验证请求方所提供的持卡人的身份以及银行卡账户等信息，唯有通过验证的账户才可以获得专属的 Token，这样一来，整个生成流程的安全性与合法性就得到了一定的保障。

标记提供方需要以标记请求方所提出的申请为基础，结合相应的规则为其生成 Token 号，并为其提供有效期等相关信息，以此来确保 Token 号的唯一性。

3. 标记请求方管理

由支付标记的提供方所创立的 TSP 管理平台主要负责对支付标记域控信息以及标记请求方的信息进行管理。标记域控信息能够体现 Token 绑定的控制要求与应用场景限制，其主要包含了商户、收单机构、支付途径、有效期限、交易限额、交易类型等，支持上述控制要求与限定场景的组合，用于控制交易中的风险与保证交易中的安全。此外，为了进一步管理 Token 的全生命周期，标记服务提供方还建立了标记管理库，专门用来维护、保存 Token 的域控及申请等信息。

4. 支付标记交易

该交易和银行卡的交易处理流程以及交易路由是一致的。这两者的交易路由都是通过卡组织交换网络结合卡 BIN 表来完成交易分发和路由控制。标记服务提供方在整个交易处理的过程中，应该完成下面五项内容的验证。

（1）可调用风险控制服务，实现交易风控对 Token 交易的全覆盖。

（2）从交易报文里获得标记域控信息的相关数据元，并和 TSP 标记库里的交易域控元素进行对照，如果出现不匹配的情况，就需要拒绝该项交易。

（3）为了保证交易的安全性，要结合具体的交易类型进行交易数据的验证操作。

（4）对标记请求方 ID 实行核验，倘若出现交易报文里的 ID 和 TSP 标记库中保存的对应的 ID 不相符的情况，便拒绝交易请求。

（5）对 Token 的有效性（有效期、标记状态等信息）进行验证，如果 Token 无效，则拒绝交易。

5. 支付标记管理

支付标记管理指的是注销、临时锁定（挂失）以及激活等对支付标记的延续性生命周期进行管理的功能。它还能够完成 Token 的已注销、已挂失、已激活、未激活的状态切换。

（1）激活：把还没被激活的 Token 转变成已激活的状态。

（2）注销：解除 Token 和卡号之间的映射关系。

（3）临时锁定：让 Token 和卡号之间的映射关系切换成临时失效状态。

（4）解锁：让原本被锁定的 Token 恢复成正常运行的状态。即把 Token 和卡号之间的映射关系重新激活。

（二）支付标记化典型应用场景

作为电子支付时代的核心技术，支付标记化技术能够支持线下、线上的各种应用场景与支付模式，接下来将以两种典型的应用场景为例进行论述。

1. 手机闪付

手机闪付是手机厂商、银联以及银行三方合作的成果，借助手机（支持 NFC 功能）芯片中的加载 IC 卡功能，便能够进行线下支付与网上支付。支付标记化技术使手机闪付模式中卡号被盗用的问题得到了解决。支付标记化技术在手机闪付中的主要业务流程如下。

（1）用户绑卡申请Token。当用户在手机钱包里第一次绑定银行卡时，手机厂商便会向标记服务提供方发起支付标记的请求。使用移动设备进行在线申请，在发卡银行完成账户验证后，将银行卡所对应的Token下发到指定的移动设备中，Token与银行卡账户的用卡权益、密码以及资金账户等完成关联。

（2）利用Token来完成支付交易。当用户发起线上交易的时候，商户App可以将本地的手机闪付接口调起，凭借对手机中的Token信息进行读取的方式，完成远程支付。

当用户发起线下交易的时候，POS终端和手机进行交互，会把一个包含了芯片数据元素、Token及其有效期的报文，以非接通信的形式进行数据交换，并在原来的支付网络里完成交易授权等相关操作。

2. 商户快捷支付模式

在这种支付模式下，持卡人必须提前在商户网站中凭借着绑定银行卡的形式完成银行卡信息和个人用户之间的关联，银行卡的相关信息便会被保存在商户的网站系统里。这样一来，当持卡人在商户网站进行消费时，便不用再次输入相关的信息，使支付更加便捷，但因为商户系统里储存着持卡人的银行卡等信息，所以也存在支付信息泄露的可能性。

使用了支付标记化方案之后的交易流程不会产生变化，具体如下。

（1）持卡人依旧需要像之前一样先在商户网站中（或App）绑定自己的银行卡信息，商户系统在接收到绑卡请求以后，会提出Token申请操作，如图6-4所示，并将此申请保存在系统内部，但是并不会对银行卡卡号等信息进行保存。商户在这种支付模式下，能够以标记请求方的身份向支付标记服务提供方提交出Token申请，申请通过之后，后续的电子支付交易都将以Token及其有效期的形式来进行处理。

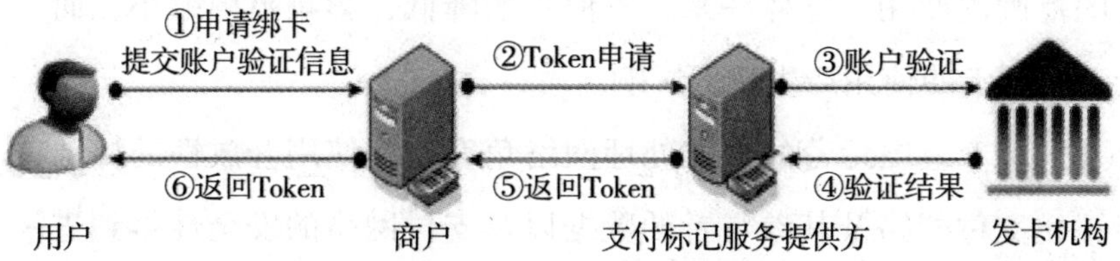

图 6-4　Token 申请流程

（2）在支付交易的过程中，商户网站利用在系统内保存的对应 Token 提出支付请求。

（3）商户持卡人所申请的 Token 会受到一定的限制，即只能在这个商户网站中进行交易。如此一来，如果信息在这个商户网站中遭到了泄露，不法分子也不能利用该信息和其他的商户进行交易，从而降低了交易的风险。

（三）系统应用效果

卡组织所建立的支付标记化系统会在应用过程中，为商户、收单机构以及发卡机构等各方提供支付标记化申请及相关的管理服务。支付标记的交易能够结合系统交互、交易流程、交易场景等方面的实际情况，提供与其相符的交易报文，并适当地加入交易要素，以此来更好地运营支付标记化服务。

支付标记化系统需要有下面几种功能。

（1）从收单机构（商户）的角度看，支付标记化技术方案能够使数据泄露所引发的问题的严重程度以及受到线上攻击的可能性大幅度降低，通过支付标记域控信息便能够更好地掌控交易风险。因为支付标记数据的使用范围会受到限制，所以即便是不法分子攻击成功，也不能得到具体的支付信息。支付标记只有在得到持卡人认证的情况下才可以在指定的范围内使用，这样一来，不但影响降低，影响范围缩小，而且也不会对银行卡的使用产生任何影响。

（2）从卡组织运营的支付处理网络角度看，使用开放性的标准，不但能够使支付网络及其参与者的数据以及支付网络的安全性得到进一步强化，而且能够增强交易报文的互操作性。

（3）从持卡人的角度看，支付标记化技术方案在保持用户原有习惯的基础上，使银行卡号等支付信息在不同交易系统中储存以及遭到泄露的可能性有效降低。如果不慎丢失了存储支付标记的设备或发生支付标记泄露等情况，可以通过注销或挂失单个支付标记的方式来规避交易风险，这样一来，持卡人不用重新注册银行卡，也能够进行正常交易。

（4）从发卡机构的角度看，这些机构可以以支付标记化方案为基础，来进行移动支付业务的拓展，可以在现行支付方式的基础上提升交易授权级别，从而降低因数据泄露引发的欺诈风险。

支付标记化方案将银行卡号替换成具备唯一性的支付标记，这样的方式不仅不会对支付的便捷性产生影响，还能够降低商户数据泄露风险，在很大程度上提高了支付的安全性。该技术的广泛应用在为收单机构、卡组织、持卡人、发卡机构等各方提供便捷、安全的体验的同时，也使发卡行支付创新、管控风险、提供个性化服务等方面的能力得到了提升，这种技术应该在整个支付产业中得到进一步的推广与应用。

第七章　典型领域的个人信息保护

第一节　个人医疗信息的法律保护

一、个人医疗信息的特殊性

虽然患者的医疗信息属于个人信息，但是患者的医疗信息是不同于普通人的个人信息。相比于可以向他人分享的工作单位、爱好兴趣等普通信息，人们更喜欢把医疗方面的信息，尤其是一些传染性疾病或精神方面的疾病信息隐藏起来。在大数据的背景下，与传统信息背景下的普通信息相比，医疗信息表现出很多不同的特征，所以要求相关部门为个人医疗信息的保护提供更健全的法律。

（一）个人医疗信息更具敏感性

在健康活动中形成的关于医疗与健康的一切医疗数据都有可能被大数据应用。售卖医疗器械、药物、保险的公司的消费者的购买记录与报销个人疾病费用的记录，疾病预防控制中心、医院等机构的监控记录、疾病诊疗记录，医院技术外包服务、网络企业提供的远程医疗服务的检查结果、病情诊疗等信息都具有非常高的敏感度，都是个人医疗信息。如果这些个人医疗信息被泄露或者被不法分子利用，就有可能危害数据主体的人格与利益，有可能使其遭受人格方面的不公平对待。当数据被第三方存储在本地终端、被非法交易或者储存位置不稳定等问题出现的时候，就很难进行补救，容易危害数据主体的利益。所以，在这个背景之下，相比于普通的个人信息，个人的医疗信息更需要严格的法律政策给予安全保障。

（二）个人医疗信息具备更高的集成化应用价值

在传统的信息处理环境中，医疗信息表现出的价值密度较低，但是其自身蕴含着巨大的开发价值。大数据技术的发展实现了医疗信息集成化的分析与应用。大数据与医疗信息的结合会产生很多积极影响。比如，在公共健康管理方面，有益于公共部门对大众疾病的应对与预防能力的增强；在医药研究方面，可以为研发新药项目提供相应的市场数据，通过预测、解答一些较难的医学问题，优化药物的疗效；在医疗诊治方面，有利于医生减少对个人经验的依赖，促使其正确、有效地进行会诊并做出用药决策，减少误诊情况。

各个商业公司、医院，甚至是科研机构与政府公共卫生机构，都极为关注大数据技术之下医疗信息的极高价值，积极地收集个人医疗信息，并进行处理与利用。如果法律制度的限制力度太松弛，就不利于保护个人自主权，威胁个人信息的安全；反之，如果限制过于严格，就会对医药产业以及医学问题的研究工作产生非常不利的影响。所以，法律需要在利用个人信息价值与保护个人信息之间寻找到一个平衡点。

（三）个人医疗信息具备更强的社会公益性

大数据对医疗信息的应用，有利于提高社会对大众疾病的治疗与预防能力，还有利于降低医药费用、优化药物研发的基础环境、提高医疗诊断能力，增加社会福利，提升国家在世界上的竞争力。有部分研究学者认为，以医疗为目的开展的个人信息研究活动本身就是一种社会公益活动。在社会契约论中，不是把个人奉献给个人，而是把个人奉献给全体，每一个人都能获得与其转让权利相应的权利回报，也就是说用付出的东西去换取相同价值的其他东西。大数据对患者提供的个人信息进行分析研究，这一过程不同于社会契约论中的个人把部分权益让给主权者的做法。个人对奉献给大数据的医疗信息是否做出了贡献、做出了多少贡献都是不知情的。因为疾病的特殊性，也无法预见患者在大数据研究成果中的获益情况。所以，相比个人收益，医疗信息被大数据进行应用更强调其产生的社会价值。

（四）个人医疗信息有更多的公权力介入

个人医疗信息具备的公益性质要求国家公权力发挥作用。在大数据应用个人医疗信息的过程中，政府应该为其提供比较完善的保障，充分地发挥公共服务职能。比如，虽然我国已经开始应用电子病历系统，但是只有政府积极发挥其职能，大数据才可以把散落在各个医院中的、珍贵的、过去积累下来的纸质版医疗信息进行整合，使其成为信息链中的一部分，促使这些信息在大数据中得到应用与研究。

除此之外，搜集、处理、应用个人数据中的医疗信息这一工作的主体就是政府。在整个医疗信息的收集和后续的利用与管理工作中，政府有可能会因为缺少对个人隐私的尊重意识，而不能保证个人信息的安全，侵犯个人隐私权，对数据主体产生负面影响。所以，立法部门在设计相关制度时，要加强监督，规范行政机关的工作，防止公民的个人信息权利受到侵犯。

二、大数据环境下个人医疗信息法律保护对策

（一）明确个人医疗信息权利的人格权属性

在一般情况下，个人医疗信息主体享有的个人信息权被定义为财产利益与人格利益的综合性权利。但是，在大数据处理与传统的信息处理方式并存的现代社会之中，新型人格权应该是对个人信息权的较为合理的定义。由于数据主体尊严与个人信息之间的紧密关联性，人格利益成为个人信息的法律属性，财产利益就不再适用于个人信息权。换句话讲，就是个人医疗信息不应该承载着经济价值。如果允许数据主体与信息控制者之间自由地、不受约束地转让与交易，那么会对信息主体的权益保护具有消极的影响。原因有两点。第一，数据主体是弱势的一方，他们难以获得应有的经济收益。第二，大数据环境增加了收集信息的难度，信息主体的理解能力是有限的，有可能会被误导、被诱惑，从而做出贩卖、转让医疗信息的举动，致使自己的权益被侵犯。比如，患者把自己的医疗信息贩卖给不正规的数据公司，该公司因为保护技术水平比较低，遭遇了黑客的攻击，致使把患者的信息泄露出去。与个人信息权相比，知识产权中的著作权也具有财产权与人格权性质，但又存在一些不同。著作权中的财产权利的设置目的在于鼓励创新，有期限性与地域性的限制，不在规定范围内进入公共区域就是共有资源。个人信息就不可以用经济利益去鼓励主体传递自己的信息。开发、利用个人的医疗信息虽然具有一定的公益性质，但是个人医疗信息不应该成为公共的资源，即使信息主体去世之后，其信息也受到法律的保护，不可以随意泄露、利用。

（二）完善对个人医疗信息的特殊保护措施

因为个人信息的敏感性，所以它需要法律给予其严格的保护。以前曾有国家禁止处理这一类信息，但是医疗信息本身的社会公益性质又需要新的技术兑取进行研究与挖掘。所以，我们要在基于严格限制的前提下适当对个人医疗信息进行挖掘与研究。

首先，应用个人信息的目的仅限于非营利性质的科学与医疗研究，在实现传染病预防、疾病治疗等目标时，可以有效防止数据控制者出现违法行为。特别是在知情同意架构、限制利用原则等传统的保护信息的方法存在局限性的时候，可以有效地避免商业机构为追求利益最大化而出现对数据进行违规收集与利用的问题，从而规避这一行为带来的风险。

其次，应用个人信息的目的不排除如进行药物研发的药企等其他机构的储存利用或者营利性研究，但是要以医疗信息匿名化为前提并经过行政机构的批准审查。当行政部门对药企的处理结果、方式批准之后，药企才可以把信息转让给其他的机构或者启动信息处理项目。为防止使用者组合多个字段去识别数据主体的身份，需要清除信息中的关键性字段与标志性字段，如别名、名称等。

最后，传统的信息环境中的特殊情况与大数据环境中的个人医疗信息也可以相互适应，包括公共卫生领域的公共利益、国家安全等，而且数据主体的个人信息权利需要数据处理或者收集机构采取一定的措施给予其保障。

（三）建立个人医疗信息行政监管机制

政府机构在各种平台中保留了很多个人的医疗信息，其是需求主体之一。同时因为在大数据的环境中，个人医疗信息利益被转化为公共的利益，所以在保护信息安全的环节中应该加大监管力度。当政府人员或者政府机构对个人医疗信息进行非法利用时，数据主体很难维护自身权益。所以，借鉴其他国家已有的先例，建立一个独立的信息监管机构是非常有必要的。

美国虽然没有设立专门的行政监管机构，但是可以通过联邦贸易委员会对企业的不法行为进行制裁；韩国个人信息纠纷调解委员会、日本个人数据委员会等都可以通过相关的程序对信息主体的合法权利进行保障；欧盟建立了一个可以对个人信息保护的整个过程进行监督且独立的行政机关，即数据保护委员会。

2018 年，国家卫生健康委员会颁布了《国家健康医疗大数据标准、安全和服务管理办法（试行）》，规定管理、监督健康医疗大数据的部委是卫健委，评估、监督、指导相关的企业事业单位以及各类的医疗卫生机构并对违规单位、机构进行追责就是其主要的职责内容。但是该管理办法的条款并没有对健康医疗大数据与传统的信息处理应用之间的具体差异进行说明，也没有对合规的界线、评估内容、检查内容进行仔细的说明，边界的不清晰，使得该办法的落实存在一定的阻碍。除此之外，网信部门负责监管网络空间个人信息的工作，卫健委承担健康医疗大数据的监管工作，这就有可能出现多头管理的问题，造成个人数据主体维权非常困难的尴尬局面。

所以，为保证有效实施《个人信息保护法》，对政府、市场、数据的应用行为，加强监督通过国家权力的介入对数据主体给予安全保护，可以组织成立专门的行政监管机构。

其职能有以下四方面：一是对利益相关方的力量进行充分调动，形成社会监督机制，为数据主体以及其他有关人员提供举报的有效途径，对可能出现的违法行为进行预防；二是针对个人医疗信息删改权、修改权、知情权等权利的施行给予保障，提供给数据主体维权、查询的有效途径，为遭受侵害的个人数据主体建立调解纠纷的制度依据；三是对各类控制数据者存储、收集、转让、处理医疗信息的行为进行有效监督，在发现其存在不法行为时及时制止并对违规的行为进行处罚；四是管理、审查个人医疗信息的项目，个人医疗信息完全匿名之后才可以进入限定目的之外的应用。只有设立有效的行政监管机制，才可以充分把各方力量调动起来，为个人信息权提供足够的保障。

（四）引入场景与风险导向的动态保护模式

就如同以往的信息保护中的结构与内容已经不适用于大数据时代一样，随着社会的发展，在当前环境下制定出的法律法规可能也会表现出一些局限性。所以，在个人信息法律中，保护个人信息是一个可持续优化且动态的过程，我们可以以风险的等级为依据，在合适的场景之中对风险进行具体评估，然后采用相关的管理措施，也就是引入场景和风险导向的动态的保护模式。它分布在处理数据的整个过程之中，可以把控隐私风险，使其保持在一个比较安全的范围中。对相对普通的信息，就可以交给一些有能力的企业进行使用、评估；而对比较敏感、特殊的信息，就可以交给政府进行功能审批从而实现个人信息的动态控制，信息主体可以随时选择退出，这样就可以保证信息主体在没有被通知的情况下，或者其不能理解的情况下，可以自由决定自己的信息能否可以被继续应用，这样就实现了对个人信息的动态性保护。

在传统的数据保护系统中已经开始引入如风险等级制度这样的场景和风险导向的动态保护观念。面对大数据目的不明确及其反复利用的情况，这一动态模式不仅可以对个人信息安全给予充分的保障，还可以为使用信息的一方提供法律保障。对风险较低的行为进行豁免，对风险较高的行为采取增加额外义务的措施，但并没有在整个数据处理的系统中应用场景与风险评价机制，在整体上还是采取了传统的告知同意结构。

一些发达国家对数据保护制定的法律制度都对健康医疗信息做出了特别的规定，但是我国还没有制定专门的信息保护制度，公民信息被非法买卖、泄露的情况时有发生。

我国的个人信息保护法律系统与制度还处于起步阶段，虽然在这一阶段对个人健康医疗信息的单独立法的讨论还比较早，但是在研究保护健康医疗信息的模式工作中具有深刻的意义。在医疗大数据的发展过程中，我国的药品、西医与中医的研究工作都处于一个良好的发展趋势中，但是大数据技术的发展也使得个人信息泄露的概率增加，涉及人们高度敏感、隐私的信息。随着大数据技术的发展，人们对健康医疗信息的保护问题的重视程度不断提升，但是在当下的环境中，医疗的发展需要使用个人健康医疗信息，这就在保护与利用之间产生了矛盾。所以，我国需要与时代特色相结合，考虑、论证健康信息的特殊性质，加快、加强保护个人信息的立法工作，促进大数据的健康有序发展。

第二节　微信支付用户的个人信息保护

一、微信支付个人信息安全相关理论

（一）微信支付个人信息安全的概念

在网络环境下，为人们提供交流、通信服务的一种工具就是微信客

户端，其派生出来的新型功能就是微信支付。所以，微信支付服务的提供也是建立在网络环境的特点之上的。随着用户逐渐频繁地使用微信支付与其功能性的多样性发展，用户信息也在不断被传递，随之而来的就是个人信息的安全问题。微信支付中的第三方服务不在其管控的范围之内，微信支付不能保证用户在使用各项功能时不会发生任何突发事件，且当用户在没有任何安全风险提示的情况下使用第三方服务并进行支付时，用户的信息就有可能被窃取，从而威胁个人的信息安全。

（二）微信支付个人信息安全的特点

1.保密性

用户最为关注的还是付款过程中个人信息的安全问题。微信支付通过五个方面对用户进行保护，即钱包锁、全额承保、实名认证、安装数字证书、选择到账时间。

微信提供的安装数字证书服务是一种技术保证，有利于提升账户安全等级，确保交易的安全性；实名认证可以保护用户本人制定银行卡、使用银行卡操作授权的权限；保险公司与微信支付一起合作推出的一种安全保障方式就是全额承保，在符合保险条款的前提下，如果二维码被调包损失了资金，用户就可以进行索赔；用户在微信支付的过程中可以选择到账时间，在用户主观意识下，如果有转错、反悔等情况，可以通过设置到账的时间，避免资金流失；用户需要通过密码或者指纹的验证才可以进入微信钱包界面，这一功能就是钱包锁，这大大增强了对用户钱包的安全保护。

2.不可控性

微信支付为我们的生活提供了便利，提升了我们的生活水平。这与第三方应用密切相关，用户的衣食住行都与第三方应用紧紧联系在一起。微信支付中除了转账与红包功能外，其他的功能与第三方应用存在着非常紧密的联系。微信支付在为用户提供更全面服务的同时也增加了第三方应用的商业价值，有利于促进第三方应用技术的发展。

但第三方功能的开放也为微信支付环境带来了安全隐患。微信方不能保证入驻的第三方应用机器所附外部链接的绝对安全性，致使用户难以辨别第三方应用的支付环境是否安全，不能够确定个人的信息是否已经泄露。所以，微信支付个人信息安全具有一定的不可控性。

二、微信支付个人信息安全的保障措施

（一）用户个人层面

1. 树立防诈骗意识

用户要对各种欺诈行为进行了解，关注与自身财产相关的信息。对没有接触过的骗局，用户要谨慎对待，仔细观察，增强风险防范意识。当接受到非官方的账户信息时，要及时与官方进行仔细核实，不可以自作主张进行操作。

2. 重视支付安全

用户在使用第三方移动支付时需要重视支付安全。首先，设置支付密码时要谨慎，保护好自己的支付密码。用户在输入密码时要注意周围环境，防止他人盗取密码。其次，要注意环境安全，谨慎使用外面免费的无线网络，不要在具有高风险提示的网页中使用支付功能。在微信支付账号被盗走之后要及时上报损失。未经测试的应用程序、操作系统和游戏程序等程序之中可能存在安全漏洞与恶意程序，用户不要轻易下载、使用。

3. 对风险进行正确的认识

首先，用户需要对第三方移动支付存在的风险有正确的认识。用户不能过分夸大风险，从而害怕、拒绝使用微信支付，放弃微信支付带来的便利，同时也要重视风险，以免造成自身的财产损失。当前，因为相关部门对第三方移动支付的监管并不全面，技术开发水平不高，相关的法规不健全等，微信支付确实存在一定的风险。用户要合理、客观地认识这些风险。

4. 利用法律维权

用户需要重视、理解第三方移动支付的相关法律法规，学会使用法律武器维护自己的合法权益。当用户遇到以微信支付为代表的网络诈骗或第三方移动支付平台难以解决争议时，要积极维护自己的合法权益。

5. 积极进行反馈

用户还应该积极反馈在使用微信支付过程中出现的一些问题。如果用户对支付平台有一些整改意见或者在支付的过程中遇到问题，需要及时与平台进行联系。如果发现微信支付平台违反了法律法规，用户可以通过邮件、电话等方式向监管部门进行举报。

（二）微信平台层面

第一，微信官方要对第一个网关的付款链接进行严格把控，用户要使用通过认证的第三方授权的链接，并在打开链接之前输入客户端的登录密码。第二，微信平台要在用户付款之前添加一个付款的确认链接，用户通过这一链接可以重新对所购买的商品的金额、数量、类型与使用的银行卡信息进行确认，确认无误后才可以提交订单。支付金额要先转到微信的后台，再把订单列入第三方交易中。第三，面对不可以退货的商品，可以直接在微信平台上进行出售，建立资格转售的模式，免除复杂的退货手续，尽可能地维护买家的利益。

（三）移动支付行业层面

1. 加强行业自律

（1）明确、正确地对移动支付公司与消费者对个人信息处理的权限进行确定。在双方之间的冲突、矛盾产生时，要积极关注、保护消费者的利益，即使消费者的信息是在使用支付平台时产生的，但是移动支付公司也没有使用、占用、处理的权利。中国的法律对相关问题进行了明确规定，消费者有权反对商家处理、使用其私人信息，有权要求移动支付公司终止或者更改侵权行为。

（2）监管机构要积极调整市场的准入门槛，建立可以对行业的发展产生积极、正面影响的信息获取机制。相关的第三方移动支付服务组织要达到金融服务与网络服务方面的具体要求，如申请支付服务许可证等。为了防止恶性竞争或者垄断现象的产生，需要控制以微信支付为代表的第三方移动支付的平台数量。相关的移动支付机构要以国家法律为依据成立公司法人，其盈利能力与财务实力要达到相关的要求；业务的发展要具有可持续性；网络的建设与支付技术必须成熟、健全。监管机构要提高新进入平台的水平与质量，提高市场的标准化。

当前，以微信支付为代表的支付平台业务相似并且越来越多，但部分平台没有充分重视风险的管理与未来发展趋势。所以，需要改进以微信支付为代表的第三方移动支付市场退出机制。为了保证市场秩序，监管机构要依法撤除一些如侵权、市场中断、风险频繁、频繁违规等不合要求的组织。对一些“僵尸”型的支付平台，其符合规范，但是管理不善或者没有真正的移动支付服务，也要予以撤除。

（3）增强社会责任意识，提高行业自律性。一是微信支付公司要增强责任意识，提升信息的透明度。比如，定期向社会公开用户支付金额、微信支付的资金明细等，积极接受公众监督。二是要积极承担义务与责任，坚持消费者适当倾斜保护的原则，最大限度剔除支付合同中的不平等条例。可以建立一个处理用户资金的公开账目，这样可以加强用户对微信支付的信任度，避免不同部门逃避责任。就相关的条款来说，它规定使用微信支付功能的商家需要以合同为依据，支付一定的风险押金，并把其冻结在商户的财付通账户之中，以更好地保护消费者权利；用户在使用期间出现财产损失问题时，相关人员要第一时间给予处理、答复，让用户确认自己的相关资金是否得到了保护与重视。

2. 引进专业人才，提升技术服务

（1）一方面，在安全防范措施方面，移动支付机构与消费者达成一致，保持意识形态的警戒。另一方面，第三方应用必须启用自己的服务器端安全防范措施，增加投入安全研发的资金，研发出 SSL 协议、安全证书、手机令牌等更为安全的技术，为收集手机支付交易信息，账号认证的完整性与机密性、审查性、不可否认性提供保障，防止其他机构使用违规获取的信息去损害用户的利益，要对信息与数据的安全性给予充足的保障。同时，需要提供给消费者安全的硬件、软件技术人员要积极升级配套措施。

（2）积极优化支付流程，优化技术风险的防范措施。首先，微信支付平台需要提高管理风险的水平，尤其是以二维码为代表的移动支付。其次，要对交易信息确认与传递的一致性、不可否认性、完整性以及防篡改给予充足的保证。

具体表现在以下方面：一是研发出用户级风险控制的模型，以用户的操作习惯、资金的交易记录为依据，对开通微信支付的账户实行重点监控，系统可以及时、智能地对洗钱、欺诈等违法情况进行报告；进行漏洞扫描，严格地评估支付账户的数据安全水平、数据储存、加密认证等，及时修复存在的安全隐患，实时关注评估与监控系统的运行状况；积极对技术人员进行培训，增强用户筛选、分析、识别的能力。二是对灾难恢复与应急管理能力进行优化与加强，改进支付的具体流程。加强与监管机构、移动支付机构的合作，微信要加强在交易处理、支付安全、TSM 连接、账户管理等方面与移动支付机构、移动运营商、监管机构的合作。

（3）重视培养人才。作为传统金融与互联网相互结合的新兴领域，互联网需要更高水平的工作人员，这类人员不仅要有互联网的思维模式，还要熟知传统的金融知识。当前的人才储备满足不了市场的人才需要，互联网金融人才的缺乏不利于互联网金融的健康发展。所以我们行业要构建培养互联网金融人才系统，关注人才培养，为中国互联网的持续发展提供人才保障。

3. 限制移动支付平台手机信息的范围

监管平台要对移动支付平台收集信息的范围进行限制，当前，注册一个移动支付的平台需要提供多种资料、信息，如电话号码、个人电子邮箱、银行卡号、身份证号码、姓名、住址、职业、身份证的使用期限等，依据相关的规定发起支付的命令，必须涵盖的信息是收款人与付款人的姓名、金额、付款人与收款人支付机构的名称与银行名称、支付开始的日期等，但是个人的地址、区域、职业等信息与付款的过程和账户没有直接关联。移动支付平台要求消费者填写这么多信息的目的就是吸引消费者，通过这些信息可以对消费者的习惯进行统计，以便制定出适合消费者的营销策略。面对这种情况，《网上商品交易及有关服务管理暂行办法》做出了明确的规定，网络服务运行商不可以搜集与服务不相关的信息。所以，应该对移动支付公司要求消费者填写不必要个人信息的行为明令禁止。

（四）政府层面

1. 全面加强个人信息安全保护的教育

政府应该加强关于移动支付的法律教育。大部分用户对关于第三方移动支付的法律法规并不了解。所以，当用户的合法权益被侵犯时，他们并不明白怎样利用法律武器保护自己。这就需要对其进行移动支付方面的大众教育。

第一，降低账户信息的可破解度。社交网络不要使用自己的生日缩写、姓名缩写去设置密码，不要在多个网络应用程序中设置相同的密码，尽可能不要通过手机或者社交网络去传递账号密码。

第二，要建立数字化节制意识。合理使用移动社交应用程序与社交网站，对使用社交网络的得失进行评估。要在自己可以控制的范围内，尽可能保护自己的隐私。在网上分享个人的行踪、真实的照片、实时位置等会暴露个人的真实信息，要有节制意识，要设置陌生人访问权限。

第三，树立安全防范意识。对智能移动设备、电脑的安全防护软件进行及时更新，尽可能不要在公共 Wi-Fi 条件下去使用移动支付或者登录网络应用，保护财产与个人信息的安全。

2. 建立健全相关制度，加强监督

在微信支付责任的问题上要重视对用户利益的保护，并兼顾分摊信息技术发展中的风险。执法机构以信息技术的复杂水平为依据区分各方的法律责任、风险分配责任等，同时要了解认识保险机构的微信支付保险理赔的具体流程。除此之外，中央银行还需要设立一个专门的金融消费保护机构，对相关的投诉问题进行处理，包括微信支付。优化投诉处理平台的机制，保持用户投诉渠道的畅通，积极解决用户的纠纷问题。

第一，提升处理信息的能力水平，组织成立专业的网络监控团队，加强监管的力度，各部门之间进行紧密的合作，进行信息交流，共享信息资源，并积极配合文化、交通、公安部门的工作，对微信诈骗等违法行为进行及时举报。另外，提供给用户较为方便的查询平台，积极对用户的投诉进行处理，鼓励用户通过短信、电子邮件、电话或者其他的方式进行监督与报告。各个监管部门需要积极进行协作与沟通，防止对支付跨境与跨境业务的监管出现空缺。中央政府发挥带头作用，如工商行政管理部门、公安部门等有关部门要积极建设全面、完整的监管规章。全面监管跨境业务，加强日常监督，提高监管效率。对不法行为进行全面监督、精准打击，如网络赌博、违法融资活动、洗钱行为等。

第二，微信支付后台应该有效监管用户终端，监控交易中的异常与终端出现的异常情况。这要求提高网络监控设备与信息处理技术的水平，加密关键的个人信息，避免病毒或者木马盗取交易记录。

第三，设立风险责任准备金制度，监管机构应发布风险责任准备金制度。第三方移动支付平台必须以微信支付为代表，必须将部分日常营业收入分配至专门设立的风险责任准备金账户，用于支付平台所需承担的风险保障，此账户中的资金只可以用于赔偿用户在支付过程中产生的损失。

第四，加快落实客户身份识别，对网络支付业务管理进行规范整改。进一步提高支付相关技术标准，尤其是对新兴支付方式的规范，如条码支付、二维码支付、声波支付等，增强网络支付的安全性。

第五，对审核机构的经营状况进行定期核查。相关的部门应该对移动支付机构的技术、业务、运营情况进行定期核实与检查。一旦发现不合规定的行为，如单独进行跨行结算、挪用储备金等，应该要求其立即进行整改。除此之外，监管机构应该依据以微信为代表的不同规模、类型的移动支付机构对其面临的风险水平进行评估，尽可能早地发现风险并对市场进行监督。

3. 民事责任机制的完善

非法出售、非法传播、非法收购、非法破坏、非法伪造、非法泄露、非法提供给他人信息并且不及时采取补救措施等都是移动支付公司侵犯消费者权利的行为，这些非法行为可能涉及刑事、行政、民事责任等。当前，只能以过错责任原则为依据，在一般构成的基础上进行分析，因为消费者在搜集证据的过程中存在大量的困难、阻碍。作为一种特殊的侵权行为，相关的负责部门可以在未来法律修改或制定中，对举证责任与侵权责任进行明确的规定，提供给弱势群体充足的、特殊的保护。另外，民事责任可能构成违约责任与侵权责任需共同承担的状况。比如，事先设置好的违约金额可能带有惩罚性质，并不是相应的赔偿金额。网络服务提供商需要对信息可能发生的或者已经发生的泄露问题进行及时的补救并维护消费者的权益，司法机关可以向移动支付公司提出即刻停止侵权行为并给予赔偿的要求。

附录 《中华人民共和国个人信息保护法》

中华人民共和国个人信息保护法

第一章 总则

第一条 为了保护个人信息权益，规范个人信息处理活动，促进个人信息合理利用，根据宪法，制定本法。

第二条 自然人的个人信息受法律保护，任何组织、个人不得侵害自然人的个人信息权益。

第三条 在中华人民共和国境内处理自然人个人信息的活动，适用本法。

在中华人民共和国境外处理中华人民共和国境内自然人个人信息的活动，有下列情形之一的，也适用本法：

（一）以向境内自然人提供产品或者服务为目的；

（二）分析、评估境内自然人的行为；

（三）法律、行政法规规定的其他情形。

第四条　个人信息是以电子或者其他方式记录的与已识别或者可识别的自然人有关的各种信息，不包括匿名化处理后的信息。

个人信息的处理包括个人信息的收集、存储、使用、加工、传输、提供、公开、删除等。

第五条　处理个人信息应当遵循合法、正当、必要和诚信原则，不得通过误导、欺诈、胁迫等方式处理个人信息。

第六条　处理个人信息应当具有明确、合理的目的，并应当与处理目的直接相关，采取对个人权益影响最小的方式。

收集个人信息，应当限于实现处理目的的最小范围，不得过度收集个人信息。

第七条　处理个人信息应当遵循公开、透明原则，公开个人信息处理规则，明示处理的目的、方式和范围。

第八条　处理个人信息应当保证个人信息的质量，避免因个人信息不准确、不完整对个人权益造成不利影响。

第九条　个人信息处理者应当对其个人信息处理活动负责，并采取必要措施保障所处理的个人信息的安全。

第十条　任何组织、个人不得非法收集、使用、加工、传输他人个人信息，不得非法买卖、提供或者公开他人个人信息；不得从事危害国家安全、公共利益的个人信息处理活动。

第十一条　国家建立健全个人信息保护制度，预防和惩治侵害个人信息权益的行为，加强个人信息保护宣传教育，推动形成政府、企业、相关社会组织、公众共同参与个人信息保护的良好环境。

第十二条　国家积极参与个人信息保护国际规则的制定，促进个人信息保护方面的国际交流与合作，推动与其他国家、地区、国际组织之间的个人信息保护规则、标准等互认。

第二章 个人信息处理规则

第一节 一般规定

第十三条 符合下列情形之一的，个人信息处理者方可处理个人信息：

（一）取得个人的同意；

（二）为订立、履行个人作为一方当事人的合同所必需，或者按照依法制定的劳动规章制度和依法签订的集体合同实施人力资源管理所必需；

（三）为履行法定职责或者法定义务所必需；

（四）为应对突发公共卫生事件，或者紧急情况下为保护自然人的生命健康和财产安全所必需；

（五）为公共利益实施新闻报道、舆论监督等行为，在合理的范围内处理个人信息；

（六）依照本法规定在合理的范围内处理个人自行公开或者其他已经合法公开的个人信息；

（七）法律、行政法规规定的其他情形。

依照本法其他有关规定，处理个人信息应当取得个人同意，但是有前款第二项至第七项规定情形的，不需取得个人同意。

第十四条 基于个人同意处理个人信息的，该同意应当由个人在充分知情的前提下自愿、明确作出。法律、行政法规规定处理个人信息应当取得个人单独同意或者书面同意的，从其规定。

个人信息的处理目的、处理方式和处理的个人信息种类发生变更的，应当重新取得个人同意。

第十五条　基于个人同意处理个人信息的，个人有权撤回其同意。个人信息处理者应当提供便捷的撤回同意的方式。

个人撤回同意，不影响撤回前基于个人同意已进行的个人信息处理活动的效力。

第十六条　个人信息处理者不得以个人不同意处理其个人信息或者撤回同意为由，拒绝提供产品或者服务；处理个人信息属于提供产品或者服务所必需的除外。

第十七条　个人信息处理者在处理个人信息前，应当以显著方式、清晰易懂的语言真实、准确、完整地向个人告知下列事项：

（一）个人信息处理者的名称或者姓名和联系方式；

（二）个人信息的处理目的、处理方式，处理的个人信息种类、保存期限；

（三）个人行使本法规定权利的方式和程序；

（四）法律、行政法规规定应当告知的其他事项。

前款规定事项发生变更的，应当将变更部分告知个人。

个人信息处理者通过制定个人信息处理规则的方式告知第一款规定事项的，处理规则应当公开，并且便于查阅和保存。

第十八条　个人信息处理者处理个人信息，有法律、行政法规规定应当保密或者不需要告知的情形的，可以不向个人告知前条第一款规定的事项。

紧急情况下为保护自然人的生命健康和财产安全无法及时向个人告

知的，个人信息处理者应当在紧急情况消除后及时告知。

第十九条　除法律、行政法规另有规定外，个人信息的保存期限应当为实现处理目的所必要的最短时间。

第二十条　两个以上的个人信息处理者共同决定个人信息的处理目的和处理方式的，应当约定各自的权利和义务。但是，该约定不影响个人向其中任何一个个人信息处理者要求行使本法规定的权利。

个人信息处理者共同处理个人信息，侵害个人信息权益造成损害的，应当依法承担连带责任。

第二十一条　个人信息处理者委托处理个人信息的，应当与受托人约定委托处理的目的、期限、处理方式、个人信息的种类、保护措施以及双方的权利和义务等，并对受托人的个人信息处理活动进行监督。

受托人应当按照约定处理个人信息，不得超出约定的处理目的、处理方式等处理个人信息；委托合同不生效、无效、被撤销或者终止的，受托人应当将个人信息返还个人信息处理者或者予以删除，不得保留。

未经个人信息处理者同意，受托人不得转委托他人处理个人信息。

第二十二条　个人信息处理者因合并、分立、解散、被宣告破产等原因需要转移个人信息的，应当向个人告知接收方的名称或者姓名和联系方式。接收方应当继续履行个人信息处理者的义务。接收方变更原先的处理目的、处理方式的，应当依照本法规定重新取得个人同意。

第二十三条　个人信息处理者向其他个人信息处理者提供其处理的个人信息的，应当向个人告知接收方的名称或者姓名、联系方式、处理目的、处理方式和个人信息的种类，并取得个人的单独同意。接收方应当在上述处理目的、处理方式和个人信息的种类等范围内处理个人信息。接收方变更原先的处理目的、处理方式的，应当依照本法规定重新取得个人同意。

第二十四条　个人信息处理者利用个人信息进行自动化决策，应当保证决策的透明度和结果公平、公正，不得对个人在交易价格等交易条件上实行不合理的差别待遇。

通过自动化决策方式向个人进行信息推送、商业营销，应当同时提供不针对其个人特征的选项，或者向个人提供便捷的拒绝方式。

通过自动化决策方式作出对个人权益有重大影响的决定，个人有权要求个人信息处理者予以说明，并有权拒绝个人信息处理者仅通过自动化决策的方式作出决定。

第二十五条　个人信息处理者不得公开其处理的个人信息，取得个人单独同意的除外。

第二十六条　在公共场所安装图像采集、个人身份识别设备，应当为维护公共安全所必需，遵守国家有关规定，并设置显著的提示标识。所收集的个人图像、身份识别信息只能用于维护公共安全的目的，不得用于其他目的；取得个人单独同意的除外。

第二十七条　个人信息处理者可以在合理的范围内处理个人自行公开或者其他已经合法公开的个人信息；个人明确拒绝的除外。个人信息处理者处理已公开的个人信息，对个人权益有重大影响的，应当依照本法规定取得个人同意。

第二节　敏感个人信息的处理规则

第二十八条　敏感个人信息是一旦泄露或者非法使用，容易导致自然人的人格尊严受到侵害或者人身、财产安全受到危害的个人信息，包括生物识别、宗教信仰、特定身份、医疗健康、金融账户、行踪轨迹等信息，以及不满十四周岁未成年人的个人信息。

只有在具有特定的目的和充分的必要性，并采取严格保护措施的情形下，个人信息处理者方可处理敏感个人信息。

第二十九条　处理敏感个人信息应当取得个人的单独同意；法律、行政法规规定处理敏感个人信息应当取得书面同意的，从其规定。

第三十条　个人信息处理者处理敏感个人信息的，除本法第十七条第一款规定的事项外，还应当向个人告知处理敏感个人信息的必要性以及对个人权益的影响；依照本法规定可以不向个人告知的除外。

第三十一条　个人信息处理者处理不满十四周岁未成年人个人信息的，应当取得未成年人的父母或者其他监护人的同意。

个人信息处理者处理不满十四周岁未成年人个人信息的，应当制定专门的个人信息处理规则。

第三十二条　法律、行政法规对处理敏感个人信息规定应当取得相关行政许可或者作出其他限制的，从其规定。

第三节　国家机关处理个人信息的特别规定

第三十三条　国家机关处理个人信息的活动，适用本法；本节有特别规定的，适用本节规定。

第三十四条　国家机关为履行法定职责处理个人信息，应当依照法律、行政法规规定的权限、程序进行，不得超出履行法定职责所必需的范围和限度。

第三十五条　国家机关为履行法定职责处理个人信息，应当依照本法规定履行告知义务；有本法第十八条第一款规定的情形，或者告知将妨碍国家机关履行法定职责的除外。

第三十六条　国家机关处理的个人信息应当在中华人民共和国境内存储；确需向境外提供的，应当进行安全评估。安全评估可以要求有关部门提供支持与协助。

第三十七条　法律、法规授权的具有管理公共事务职能的组织为履行法定职责处理个人信息，适用本法关于国家机关处理个人信息的规定。

第三章　个人信息跨境提供的规则

第三十八条　个人信息处理者因业务等需要，确需向中华人民共和国境外提供个人信息的，应当具备下列条件之一：

（一）依照本法第四十条的规定通过国家网信部门组织的安全评估；

（二）按照国家网信部门的规定经专业机构进行个人信息保护认证；

（三）按照国家网信部门制定的标准合同与境外接收方订立合同，约定双方的权利和义务；

（四）法律、行政法规或者国家网信部门规定的其他条件。

中华人民共和国缔结或者参加的国际条约、协定对向中华人民共和国境外提供个人信息的条件等有规定的，可以按照其规定执行。

个人信息处理者应当采取必要措施，保障境外接收方处理个人信息的活动达到本法规定的个人信息保护标准。

第三十九条　个人信息处理者向中华人民共和国境外提供个人信息的，应当向个人告知境外接收方的名称或者姓名、联系方式、处理目的、处理方式、个人信息的种类以及个人向境外接收方行使本法规定权利的方式和程序等事项，并取得个人的单独同意。

第四十条　关键信息基础设施运营者和处理个人信息达到国家网信部门规定数量的个人信息处理者，应当将在中华人民共和国境内收集和产生的个人信息存储在境内。确需向境外提供的，应当通过国家网信部门组织的安全评估；法律、行政法规和国家网信部门规定可以不进行安全评估的，从其规定。

第四十一条　中华人民共和国主管机关根据有关法律和中华人民共和国缔结或者参加的国际条约、协定，或者按照平等互惠原则，处理外国司法或者执法机构关于提供存储于境内个人信息的请求。非经中华人民共和国主管机关批准，个人信息处理者不得向外国司法或者执法机构提供存储于中华人民共和国境内的个人信息。

第四十二条　境外的组织、个人从事侵害中华人民共和国公民的个人信息权益，或者危害中华人民共和国国家安全、公共利益的个人信息处理活动的，国家网信部门可以将其列入限制或者禁止个人信息提供清单，予以公告，并采取限制或者禁止向其提供个人信息等措施。

第四十三条　任何国家或者地区在个人信息保护方面对中华人民共和国采取歧视性的禁止、限制或者其他类似措施的，中华人民共和国可以根据实际情况对该国家或者地区对等采取措施。

第四章　个人在个人信息处理活动中的权利

第四十四条　个人对其个人信息的处理享有知情权、决定权，有权限制或者拒绝他人对其个人信息进行处理；法律、行政法规另有规定的除外。

第四十五条　个人有权向个人信息处理者查阅、复制其个人信息；有本法第十八条第一款、第三十五条规定情形的除外。

个人请求查阅、复制其个人信息的，个人信息处理者应当及时提供。

个人请求将个人信息转移至其指定的个人信息处理者，符合国家网信部门规定条件的，个人信息处理者应当提供转移的途径。

第四十六条　个人发现其个人信息不准确或者不完整的，有权请求个人信息处理者更正、补充。

个人请求更正、补充其个人信息的，个人信息处理者应当对其个人信息予以核实，并及时更正、补充。

第四十七条　有下列情形之一的，个人信息处理者应当主动删除个人信息；个人信息处理者未删除的，个人有权请求删除：

（一）处理目的已实现、无法实现或者为实现处理目的不再必要；

（二）个人信息处理者停止提供产品或者服务，或者保存期限已届满；

（三）个人撤回同意；

（四）个人信息处理者违反法律、行政法规或者违反约定处理个人信息；

（五）法律、行政法规规定的其他情形。

法律、行政法规规定的保存期限未届满，或者删除个人信息从技术上难以实现的，个人信息处理者应当停止除存储和采取必要的安全保护措施之外的处理。

第四十八条　个人有权要求个人信息处理者对其个人信息处理规则进行解释说明。

第四十九条　自然人死亡的，其近亲属为了自身的合法、正当利益，可以对死者的相关个人信息行使本章规定的查阅、复制、更正、删除等权利；死者生前另有安排的除外。

第五十条　个人信息处理者应当建立便捷的个人行使权利的申请受

理和处理机制。拒绝个人行使权利的请求的，应当说明理由。

个人信息处理者拒绝个人行使权利的请求的，个人可以依法向人民法院提起诉讼。

第五章　个人信息处理者的义务

第五十一条　个人信息处理者应当根据个人信息的处理目的、处理方式、个人信息的种类以及对个人权益的影响、可能存在的安全风险等，采取下列措施确保个人信息处理活动符合法律、行政法规的规定，并防止未经授权的访问以及个人信息泄露、篡改、丢失：

（一）制定内部管理制度和操作规程；

（二）对个人信息实行分类管理；

（三）采取相应的加密、去标识化等安全技术措施；

（四）合理确定个人信息处理的操作权限，并定期对从业人员进行安全教育和培训；

（五）制定并组织实施个人信息安全事件应急预案；

（六）法律、行政法规规定的其他措施。

第五十二条　处理个人信息达到国家网信部门规定数量的个人信息处理者应当指定个人信息保护负责人，负责对个人信息处理活动以及采取的保护措施等进行监督。

个人信息处理者应当公开个人信息保护负责人的联系方式，并将个人信息保护负责人的姓名、联系方式等报送履行个人信息保护职责的部门。

第五十三条　本法第三条第二款规定的中华人民共和国境外的个人信息处理者，应当在中华人民共和国境内设立专门机构或者指定代表，负责处理个人信息保护相关事务，并将有关机构的名称或者代表的姓名、联系方式等报送履行个人信息保护职责的部门。

第五十四条　个人信息处理者应当定期对其处理个人信息遵守法律、行政法规的情况进行合规审计。

第五十五条　有下列情形之一的，个人信息处理者应当事前进行个人信息保护影响评估，并对处理情况进行记录：

（一）处理敏感个人信息；

（二）利用个人信息进行自动化决策；

（三）委托处理个人信息、向其他个人信息处理者提供个人信息、公开个人信息；

（四）向境外提供个人信息；

（五）其他对个人权益有重大影响的个人信息处理活动。

第五十六条　个人信息保护影响评估应当包括下列内容：

（一）个人信息的处理目的、处理方式等是否合法、正当、必要；

（二）对个人权益的影响及安全风险；

（三）所采取的保护措施是否合法、有效并与风险程度相适应。

个人信息保护影响评估报告和处理情况记录应当至少保存三年。

第五十七条　发生或者可能发生个人信息泄露、篡改、丢失的，个人信息处理者应当立即采取补救措施，并通知履行个人信息保护职责的部门和个人。通知应当包括下列事项：

（一）发生或者可能发生个人信息泄露、篡改、丢失的信息种类、原因和可能造成的危害；

（二）个人信息处理者采取的补救措施和个人可以采取的减轻危害的

措施；

（三）个人信息处理者的联系方式。

个人信息处理者采取措施能够有效避免信息泄露、篡改、丢失造成危害的，个人信息处理者可以不通知个人；履行个人信息保护职责的部门认为可能造成危害的，有权要求个人信息处理者通知个人。

第五十八条　提供重要互联网平台服务、用户数量巨大、业务类型复杂的个人信息处理者，应当履行下列义务：

（一）按照国家规定建立健全个人信息保护合规制度体系，成立主要由外部成员组成的独立机构对个人信息保护情况进行监督；

（二）遵循公开、公平、公正的原则，制定平台规则，明确平台内产品或者服务提供者处理个人信息的规范和保护个人信息的义务；

（三）对严重违反法律、行政法规处理个人信息的平台内的产品或者服务提供者，停止提供服务；

（四）定期发布个人信息保护社会责任报告，接受社会监督。

第五十九条　接受委托处理个人信息的受托人，应当依照本法和有关法律、行政法规的规定，采取必要措施保障所处理的个人信息的安全，并协助个人信息处理者履行本法规定的义务。

第六章　履行个人信息保护职责的部门

第六十条　国家网信部门负责统筹协调个人信息保护工作和相关监督管理工作。国务院有关部门依照本法和有关法律、行政法规的规定，在各自职责范围内负责个人信息保护和监督管理工作。

县级以上地方人民政府有关部门的个人信息保护和监督管理职责，按照国家有关规定确定。

前两款规定的部门统称为履行个人信息保护职责的部门。

第六十一条　履行个人信息保护职责的部门履行下列个人信息保护职责：

（一）开展个人信息保护宣传教育，指导、监督个人信息处理者开展个人信息保护工作；

（二）接受、处理与个人信息保护有关的投诉、举报；

（三）组织对应用程序等个人信息保护情况进行测评，并公布测评结果；

（四）调查、处理违法个人信息处理活动；

（五）法律、行政法规规定的其他职责。

第六十二条　国家网信部门统筹协调有关部门依据本法推进下列个人信息保护工作：

（一）制定个人信息保护具体规则、标准；

（二）针对小型个人信息处理者、处理敏感个人信息以及人脸识别、人工智能等新技术、新应用，制定专门的个人信息保护规则、标准；

（三）支持研究开发和推广应用安全、方便的电子身份认证技术，推进网络身份认证公共服务建设；

（四）推进个人信息保护社会化服务体系建设，支持有关机构开展个人信息保护评估、认证服务；

（五）完善个人信息保护投诉、举报工作机制。

第六十三条　履行个人信息保护职责的部门履行个人信息保护职责，可以采取下列措施：

（一）询问有关当事人，调查与个人信息处理活动有关的情况；

（二）查阅、复制当事人与个人信息处理活动有关的合同、记录、账簿以及其他有关资料；

（三）实施现场检查，对涉嫌违法的个人信息处理活动进行调查；

（四）检查与个人信息处理活动有关的设备、物品；对有证据证明是用于违法个人信息处理活动的设备、物品，向本部门主要负责人书面报告并经批准，可以查封或者扣押。

履行个人信息保护职责的部门依法履行职责，当事人应当予以协助、配合，不得拒绝、阻挠。

第六十四条　履行个人信息保护职责的部门在履行职责中，发现个人信息处理活动存在较大风险或者发生个人信息安全事件的，可以按照规定的权限和程序对该个人信息处理者的法定代表人或者主要负责人进行约谈，或者要求个人信息处理者委托专业机构对其个人信息处理活动进行合规审计。个人信息处理者应当按照要求采取措施，进行整改，消除隐患。

履行个人信息保护职责的部门在履行职责中，发现违法处理个人信息涉嫌犯罪的，应当及时移送公安机关依法处理。

第六十五条　任何组织、个人有权对违法个人信息处理活动向履行个人信息保护职责的部门进行投诉、举报。收到投诉、举报的部门应当依法及时处理，并将处理结果告知投诉、举报人。

履行个人信息保护职责的部门应当公布接受投诉、举报的联系方式。

第七章 法律责任

第六十六条 违反本法规定处理个人信息，或者处理个人信息未履行本法规定的个人信息保护义务的，由履行个人信息保护职责的部门责令改正，给予警告，没收违法所得，对违法处理个人信息的应用程序，责令暂停或者终止提供服务；拒不改正的，并处一百万元以下罚款；对直接负责的主管人员和其他直接责任人员处一万元以上十万元以下罚款。

有前款规定的违法行为，情节严重的，由省级以上履行个人信息保护职责的部门责令改正，没收违法所得，并处五千万元以下或者上一年度营业额百分之五以下罚款，并可以责令暂停相关业务或者停业整顿、通报有关主管部门吊销相关业务许可或者吊销营业执照；对直接负责的主管人员和其他直接责任人员处十万元以上一百万元以下罚款，并可以决定禁止其在一定期限内担任相关企业的董事、监事、高级管理人员和个人信息保护负责人。

第六十七条 有本法规定的违法行为的，依照有关法律、行政法规的规定记入信用档案，并予以公示。

第六十八条 国家机关不履行本法规定的个人信息保护义务的，由其上级机关或者履行个人信息保护职责的部门责令改正；对直接负责的主管人员和其他直接责任人员依法给予处分。

履行个人信息保护职责的部门的工作人员玩忽职守、滥用职权、徇私舞弊，尚不构成犯罪的，依法给予处分。

第六十九条　处理个人信息侵害个人信息权益造成损害，个人信息处理者不能证明自己没有过错的，应当承担损害赔偿等侵权责任。

前款规定的损害赔偿责任按照个人因此受到的损失或者个人信息处理者因此获得的利益确定；个人因此受到的损失和个人信息处理者因此获得的利益难以确定的，根据实际情况确定赔偿数额。

第七十条　个人信息处理者违反本法规定处理个人信息，侵害众多个人的权益的，人民检察院、法律规定的消费者组织和由国家网信部门确定的组织可以依法向人民法院提起诉讼。

第七十一条　违反本法规定，构成违反治安管理行为的，依法给予治安管理处罚；构成犯罪的，依法追究刑事责任。

第八章　附则

第七十二条　自然人因个人或者家庭事务处理个人信息的，不适用本法。

法律对各级人民政府及其有关部门组织实施的统计、档案管理活动中的个人信息处理有规定的，适用其规定。

第七十三条　本法下列用语的含义：

（一）个人信息处理者，是指在个人信息处理活动中自主决定处理目的、处理方式的组织、个人。

（二）自动化决策，是指通过计算机程序自动分析、评估个人的行为习惯、兴趣爱好或者经济、健康、信用状况等，并进行决策的活动。

（三）去标识化，是指个人信息经过处理，使其在不借助额外信息的情况下无法识别特定自然人的过程。

（四）匿名化，是指个人信息经过处理无法识别特定自然人且不能复原的过程。

第七十四条　本法自 2021 年 11 月 1 日起施行。

参考文献

[1] 李媛 . 大数据时代个人信息保护研究 [M]. 武汉：华中科技大学出版社，2019.

[2] 德勤企业风险管理服务部 . 个人信息保护应对法律合规要求，妥善处理个人信息 [M]. 上海：上海交通大学出版社，2013.

[3] 个人信息保护课题组 . 个人信息保护国际比较研究 [M]. 2 版 . 北京：中国金融出版社，2021.

[4] 罗力 . 新兴信息技术背景下我国个人信息安全保护体系研究 [M]. 上海：上海社会科学院出版社，2020.

[5] 王秀哲 . 信息社会个人隐私权的公法保护研究 [M]. 北京：中国民主法制出版社，2017.

[6] 张鹏 . 个人信用信息的收集、利用和保护：论我国个人征信体系法律制度的建立和完善 [M]. 北京：中国政法大学出版社，2012.

[7] 吴苌弘 . 个人信息的刑法保护研究 [M]. 上海：上海社会科学院出版社，2014.

[8] 丁晓东 . 个人信息保护原理与实践 [M]. 北京：中国法律图书有限公司，

2021.
[9] 中国信息通信研究院互联网法律研究中心 . 个人信息保护立法研究 [M]. 北京：中国法制出版社，2021.
[10]赵衍 . 互联网时代的信息安全威胁：个人、组织与社会 [M]. 北京：企业管理出版社，2013.
[11]李鹏 . 公民个人信息刑法保护研究 [M]. 哈尔滨：黑龙江人民出版社，2020.
[12]张新宝，葛鑫 . 个人信息保护法及立法理由书 [M]. 北京：中国人民大学出版社，2021.
[13]池建新 . 个人信息保护政策的国际比较研究 [M]. 南京：东南大学出版社，2021.
[14]丁振赣 . 网络安全与个人信息保护法律实务 [M]. 深圳：海天出版社，2021.
[15]中国信息通信研究院 .App 个人信息保护治理实践 [M]. 北京：人民邮电出版社，2021.
[16]马改然 . 新信息技术下个人信息刑事保护研究 [M]. 北京：法律出版社，2021.
[17]项振茂，王亢 . 公民个人信息与数字财产保护 [M]. 杭州：浙江大学出版社，2019.
[18]刘倚源 . 大数据情境下的个人信息保护 [M]. 长春：东北师范大学出版社，2019.
[19]章宁 . 大数据时代个人信息保护体系构建研究 [M]. 北京：经济科学出版社，2021.
[20]陈欣新 . 信息自由与信息安全 [M]. 北京：九州出版社，2009.
[21]张衡 . 大数据时代个人信息安全规制研究 [M]. 上海：上海社会科学院出

版社，2020.

[22]罗力.新兴信息技术背景下我国个人信息安全保护体系研究[M].上海：上海社会科学院出版社，2020.

[23]王锡锌.个人信息国家保护义务及展开[J].中国法学，2021（1）：145-166.

[24]吕炳斌.个人信息保护的“同意”困境及其出路[J].法商研究，2021，38（2）：87-101.

[25]杨帆，刘业.个人信息保护的“公私并行”路径：我国法律实践及欧美启示[J].国际经济法学刊，2021（2）：48-70.

[26]高富平.论个人信息保护的目的——以个人信息保护法益区分为核心[J].法商研究，2019，36（1）：93-104.

[27]程啸.民法典编纂视野下的个人信息保护[J].中国法学，2019（4）：26-43.

[28]李良.互联网经济下个人信息的反垄断法保护[J].人大法律评论，2020（2）：135-161.

[29]周汉华.个人信息保护的法律定位[J].法商研究，2020，37（3）：44-56.

[30]范为.大数据时代个人信息保护的路径重构[J].环球法律评论，2016，38（5）：92-115.

[31]高秦伟.个人信息保护中的企业隐私政策及政府规制[J].法商研究，2019，36（2）：16-27.

[32]姜盼盼.大数据时代个人信息保护的理论困境与保护路径研究[J].现代情报，2019，39（6）：149-155.

[33]占南.国内外个人信息保护政策体系研究[J].图书情报知识，2019（5）：120-129.

[34]程关松 . 个人信息保护的中国权利话语 [J]. 法学家，2019（5）：17-30，191-192.

[35]姜盼盼 . 大数据时代个人信息保护研究综述 [J]. 图书情报工作，2019，63（15）：140-148.

[36]王苑 . 个人信息保护在民法中的表达——兼论民法与个人信息保护法之关系 [J]. 华东政法大学学报，2021，24（2）：68-79.

[37]孙平 . 系统构筑个人信息保护立法的基本权利模式 [J]. 法学，2016（4）：67-80.

[38]胡文涛 . 我国个人敏感信息界定之构想 [J]. 中国法学，2018（5）：235-254.

[39]张新宝 . “普遍免费 + 个别付费”：个人信息保护的一个新思维 [J]. 比较法研究，2018（5）：1-15.

[40]赵正东，王乃冬 . 大数据时代个人信息侵权及保护问题探索 [J]. 延边大学学报（社会科学版），2021，54（1）：116-122.

[41]万方 . 个人信息处理中的“同意”与“同意撤回”[J]. 中国法学，2021（1）：167-188.

[42]姜楠，王玮琦，王健 . 基于智能合约的个人隐私数据保护方法研究 [J]. 信息网络安全，2020，20（11）：22-31.

[43]商希雪，韩海庭 . 政府数据开放中个人信息保护路径研究 [J]. 电子政务，2021（6）：113-124.

[44]江海洋 . 论区块链与个人信息保护之冲突与兼容 [J]. 行政法学研究，2021（4）：162-176.

[45]王从光 . 区块链技术应用于个人信息保护的法理解读与治理 [J]. 西北民族大学学报（哲学社会科学版），2021（6）：107-117.

[46]吴基祥 . 区块链技术在个人信息保护中的应用研究 [J]. 互联网天地，

2020（11）：38–43.
[47]龙凯，高瑞鑫．个人信息保护场景的区块链技术嵌入研究 [J]. 信息通信技术与政策，2018（7）：18–20.
[48]张明，张力，廖丹．基于支付标记化技术的移动支付安全方案 [J]. 中国新通信，2018，20（22）：127–128.
[49]盛近春．应用支付标记化技术保障消费者资金安全 [J]. 金融电子化，2021（2）：40–41.
[50]周明．支付标记化技术解读 [J]. 金卡工程，2015（9）：54–56.
[51]徐慧丽．大数据环境中个人医疗信息的法律保护 [J]. 图书馆，2019（11）：38–45.
[52]李丹丹．论个人医疗信息的法律保护 [J]. 吉首大学学报（社会科学版），2015，36（2）：87–93.
[53]孙鹏．大数据时代个人信息保护的立法构建 [D]. 上海：华东政法大学，2015.
[54]袁峻．网络环境下个人信息保护的法律问题研究 [D]. 上海：华东政法大学，2013.
[55]刘家玲．大数据时代个人信息保护的法律研究 [D]. 杭州：浙江大学，2016.
[56]宋曦．大数据时代的个人信息保护机制研究 [D]. 重庆：重庆大学，2014.